三、金砖国家与发展中国家的权益之谋 …………………… 111

巴西的金砖定位：基于系列研讨会的研究 ……………… 117

一、三次金砖国家研究圆桌论坛的重要性 ………………… 118

二、三次金砖国家研究圆桌论坛的主要内容 ……………… 119

三、三次金砖国家研究圆桌论坛的简要评述 ……………… 130

俄罗斯的金砖国家外交战略研究 …………………………… 136

一、金砖国家成立时俄罗斯的战略思考 …………………… 138

二、俄罗斯对金砖国家的战略布局、措施及成效 ………… 142

三、影响俄罗斯金砖国家战略的主要因素 ………………… 150

印度的金砖国家战略 ………………………………………… 153

一、印度加入金砖国家的原因 ……………………………… 155

二、印度对金砖国家的政治策略 …………………………… 158

三、印度对金砖国家的经济策略 …………………………… 161

四、印度对金砖国家的社会策略 …………………………… 166

中国对金砖国家合作的定位、战略与措施研究 …………… 168

一、金砖国家合作的成果及挑战 …………………………… 170

二、中国对金砖国家合作的定位 …………………………… 177

三、中国关于金砖国家合作的措施 ………………………… 185

南非的金砖国家外交 ………………………………………… 192
    一、南非金砖国家政策演变的进程 ……………………………… 193
    二、南非参与金砖国家合作的原因 ……………………………… 194
    三、南非加入金砖国家组织的反对声音 ………………………… 197
    四、未来南非在金砖国家组织中扮演的重要角色 ……………… 200

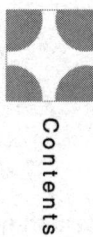

Contents

Foreword ··· 4

Research on BRICS Cooperative Mechanism in the Post-crisis Era ··· 7

　Ⅰ. The Evolvement Process of BRICS Mechanism ··················· 9
　Ⅱ. The Cooperation Foundation of BRICS Mechanism ············ 10
　Ⅲ. The Innate Quality of BRICS Mechanism ·························· 13
　Ⅳ. The Development Path of BRICS Mechanism ···················· 17

A Study on the Feasibility of BRICS Expansion ················ 25

　Ⅰ. The Rationality of BRICS Expansion ································ 26
　Ⅱ. The Potential Target Countries of BRICS Expansion ·········· 33
　Ⅲ. The Significance of BRICS Expansion ······························ 39

BRICS Cooperation from the Perspective of Global Governance ... 40

    Ⅰ. The Process of BRICS Institutionalized Cooperation ... 40

    Ⅱ. The Status Quo of BRICS Engaging in Global Governance ... 42

    Ⅲ. The Approaches for BRICS Cooperating for Global Governance ... 46

BRICS and Necessity of New Paradigm for Globalization ... 56

    Ⅰ. Western-European Paradigm Crisis ... 57

    Ⅱ. Contradictions of the Paradigm of Monocentric Globalization ... 59

    Ⅲ. BRICS Identity -Dilemmas of Interpretation ... 63

    Ⅳ. BRICS-from "being in itself" to "being for itself" ... 66

    Ⅴ. Towards A New Paradigm of Globalization ... 69

BRICS in Global Trade Governance: Opportunities and Challenges ... 76

    Ⅰ. The Rising of Trading BRICS ... 77

    Ⅱ. Coordination between BRICS and WTO ... 80

    Ⅲ. Opportunities for BRICS in Global Trade Governance ... 87

    Ⅳ. Challenges for BRICS in Global Trade Governance ... 90

The Competition and Cooperation between BRICS and Outside World ... 99

    Ⅰ. BRICS and Developed Countries Compete for Power ... 100

II. BRICS and Emerging Economies Cooperate for Rights 105

III. BRICS and Developing Countries Strive for New Order 111

The Brazilian BRICS Strategy: Based on Serial Conferences 117

I. The Importance of the Three Round-table Discussions on BRICS 118

II. The Main Contents of the Three Round-table Discussions on BRICS 119

III. The Review of the Three Round-table Discussions on BRICS 130

Russia's Foreign Strategy towards BRICS 136

I. Russia's Strategic Thinking in the Formation of BRICS 138

II. The Strategic Layout, Policies and Effectiveness of Russia's Strategy 142

III. The, Major Factors Influencing Russia's Foreign Strategy towards BRICS 150

India's Strategy towards BRICS 153

I. Why India joined BRICS 155

II. Political Strategy of India towards BRICS 158

III. Economic Strategy of India towards BRICS 161

IV. Social Strategy of India towards BRICS 166

China's Orientation, Strategy and Measures on BRICS Cooperation 168

I. The Achievements and Challenges of BRICS Cooperation 170

Ⅱ. China's Orientation on BRICS Cooperation ········· 177

Ⅲ. China's Measures on BRICS Cooperation ········· 185

South Africa's BRICS Diplomacy ········· 192

Ⅰ. Evolution of South Africa's BRICS Strategy ········· 193

Ⅱ. Why South Africa Engage in the BRICS ········· 194

Ⅲ. Discontent on South Africa's Engagement in the BRICS ········· 197

Ⅳ. What Role South Africa Will Play in the Future ········· 200

前　言

金砖国家作为一个概念被提出后，尤其是自金砖国家正式开始机制化合作以来，国内外学术界对金砖国家研究的关注与投入逐步增多，初步形成了"金砖国家国别研究"与"金砖国家合作研究"两大领域，具体议题涉及政治、安全、外交、经济、社会、文化等各个方面。

从目前的研究现状来看，一方面，学术界关于金砖各国的研究在很大程度上仍然是既有国别研究的简单延续，金砖一词更多地是被作为一种概念框架加以使用，从而在金砖光环下赋予某个特定国家更加显著的重要性。但问题在于，如果对某个金砖成员的独立研究亦属于金砖国家研究范畴的话，那么金砖国家研究的历史则要比金砖国家的存在还早，这显然是与现实不相符的。另一方面，学术界关于金砖国家合作的研究也存在类似的问题。比如，金砖成员相互之间的双边或多边合作算不算金砖国家合作研究的范畴。倘若我们承认金砖国家研究是一个相对独立的研究领域，那么我们就应当好好思考既有研究与金砖国家研究之间的联系与区别。此外，我们认为金砖国家合作研究至少应当包含内部合作与外部合作两大维度。对内而言，学术界需要关注金砖国家合作的深度与广度，探讨该合作机制对促进金砖五国各自与共同的发展有何作用；对外而言，学术界则需要重视金砖国家与全球治理的关系，尤其是金砖国家合作参与全球治理的动力与路径，以及金砖国家的整体作为对于推动国际体系有序变革、国际秩序平稳变化的重要意义。

为此，本书主要在国际关系学科背景下对金砖国家研究提出了一些值得注意的问题，包括金砖国家合作机制化问题，金砖国家集团扩大化问题，金砖国家与全球治理问题，金砖国家与其他国际机制关系问题，金砖国家与外部世界关系问题以及巴西、俄罗斯、印度、中国、南非分别对金砖国家合作的定位、战略和措施问题。当然，上述问题肯定不是对金砖国家研究所有重要问题的全部概括。我们只是希望抛砖引玉，借此引发学术界关于如何做好金砖国家研究的思考与行动。我们也欢迎学术界进一步补充和完善金砖国家研究的若干问题，共同致力于推动金砖国家研究迈上新的台阶。

本书的缘起既与我们对金砖国家研究的困惑有关，又有赖于中国社会科学院欧洲所江时学老师的悉心指教。本书所提及的十大问题是在江老师来四川外国语大学讲座的基础上整理、调整、增减并经江老师最终审阅和指导后方才形成的。在此，我们对江时学老师长期以来对川外金砖国家研究的关心和帮助表示衷心的感谢。此外，我们邀请美国肯塔基州立大学的巴达尔·伊克巴勒（Badar Iqbal）教授和阿卜杜勒·图拉（Abdul Turay）教授、印度阿里格尔穆斯林大学穆罕默德·纳耶尔·拉赫曼（Mohd Nayyer Rahman）博士、新西兰奥克兰大学的齐为群博士以及湘潭大学的李珍珍博士参与了本书的撰写。我们对他们的学术贡献也表示衷心的感谢。

由于时间仓促，能力有限，本书的一些观点难免有待商榷。我们欢迎学术界批评指正。

编 者

2017 年 4 月 20 日

Foreword

Since the introduction of the concept of "BRICs", especially the initiation of the formal institutionalized cooperation of BRICS, the academia has been increasingly engaged in the research on BRICS, gradually engendering two main research fields—individual countries of BRICS and cooperation among BRICS countries, involving issues of politics, security, diplomacy, economy, society, culture, etc.

However, those researches on individual countries of BRICS have largely been a mere continuation of prior researches, with the idea of BRICS used only as a conceptual framework to give importance to those individual countries. The fact is, it is unreasonable to argue that the research on individual countries of BRICS, which has preexisted the introduction of the concept of BRICS, can be categorized as BRICS research. Similar issues also exist in the research on the cooperation among BRICS. For instance, should we take the bilateral or multilateral cooperation among BRICS as BRICS studies? If BRICS studies is acknowledged as a relatively independent research field, the relationship between the current research and BRICS studies should be carefully considered. Apart from this, we believe that there should be at least two main domains of research on cooperation among the BRICS countries—cooperation within BRICS and cooperation between BRICS and the outside world. Specifically, scholars should not only focus on the width and depth of the cooperation within BRICS as well as its functions on development of individual countries and the five countries as a whole, but also explore the relationship between BRICS and global governance, especially the impetus and approaches for BRICS cooperation in global governance, as well as the significance of BRICS as a bloc in promoting a peaceful and orderly evolution of international system.

In light of this, the book puts forward, based on the discipline of international relations, a number of noteworthy issues, including the institutionalization of BRICS cooperation, the expansion of BRICS, BRICS and global governance, the relationship between BRICS and other international institutions, the relations between BRICS and non-BRICS countries, and the positions, strategies as well as actions of Brazil, Russia, India, China and South Africa towards BRICS cooperation. Certainly, these issues are not aimed at including all important ones in BRICS studies. It is our sincere hope that this book will inspire some ideas and actions among the academia to promote BRICS studies by supplementing more related issues.

This book has been both an outcome of the academic bewilderment in BRICS studies, and a rewarding result of the mentoring instructions from

Professor Jiang Shixue from Institute of European studies of Chinese Academy of Social Sciences, to whom we acknowledge our deep and sincere gratitude. The ten issues elaborated in this book are attributed to Professor Jiang's instruction and help in the choice, adjustment, and editing efforts based on his lectures in Sichuan International Studies University. Our thanks also extend to Professor Badar Iqbal and Professor Abdul Turay from Kentucky State University in USA., Dr. Mohd Nayyer Rahman from Aligarh Muslim University in India, and Dr. Qi Weiqun from the University of Auckland in New Zealand, and Dr. Li Zhenzhen from Xiangtan University in China, all of them were invited to join in the composing of this book.

Due to constraints in time and capacity, some views in this book remain open toquestion. Any criticism and suggestions are appreciated.

—**The editors**

April 29th, 2017

(Translated by WangDeyi)

后危机时代的金砖国家合作机制研究

葛静静[*]

自 2001 年"金砖四国"概念的提出以来,它已历经十余年的发展,"金砖国家"从一个代表新兴市场力量的概念性名词转变为引领新兴市场国家合作的实质性机制,其国际影响力与日俱增。纵观 2006 年巴、俄、印、中四国外交部长的首次会晤,特别是 2009 年叶卡捷琳堡首次金砖领导人会晤以来的发展历程,不难看出,随着金砖领导人会晤机制的不断完善,金砖国家已形成多层次、宽领域的合作架构,并在务实合作方面取得重要成果,合作领域已涵盖政治、经济、金融、贸易、社会、人文多个方面。尤为突出的表现在于金融领域,2016 年金砖国家开发银行和应急储备机制均投入实质运转,表明金砖国家已发展成为一个重要的国际机制,其不仅推动了成员国之间的经济合作,随着合作议程的不断深化,还在不断推动全球治理体系的改革。

---

[*] 葛静静,硕士,四川外国语大学国际关系学院助教,国际关系学院国际部主管,研究方向为族裔政治。

2017年是金砖国家合作的一个重要时间节点，从这一年开始，金砖国家合作将开启第二个十年，金砖国家及其合作将进入一个全新的历史时期。值此关键时刻，如何正确认识和评价金砖国家合作机制的意义和前景，同时进一步推动金砖国家合作务实发展，是关乎金砖国家机制建设和未来发展的重要课题。

当前，全球挑战突出，国际形势中不确定、不稳定的因素增多，金砖国家显然也受到世界经济下行和国家内部经济转型升级的影响，面临来自外部和内部的重重阻碍。[1] 如何回应国际社会的挑战与质疑同时破解内部合作的更深层次障碍，需要对金砖国家合作的成果及其在国际社会的作用进行全面评估，同时对其未来发展思路和前景进行较为理性的展望。

为争取金砖国家合作的积极前景，金砖国家需克服前所未有的挑战，遵循渐进式的改革路径，探索和开辟新的发展方向，通过增加内部的政治互信，拓宽内部合作领域，积极在国际事务中发挥更大作用，同时推动合作机制的规范化发展。这不仅需要金砖五国秉持开放包容心态，同时也需要作为大国的中国在其中继续努力发挥实质性引领作用。[2]

---

[1] 臧秀玲："后危机时代金砖国家合作机制的发展困境及其突破"，《理论视野》2015年8月，第65—69页。
[2] 王磊："新时期金砖国家合作面临'成长的烦恼'"，光明网—理论频道，2017年3月13日，http://theory.gmw.cn/2016-11/29/content_23136989.htm。

◆ 一、金砖国家机制的发展演进 ◆

2001年，美国高盛公司首次将巴西、俄罗斯、印度、中国等四个成长前景看好的新兴市场国家的名称的首字母联系起来，组合生成"BRIC"这一全新的经济投资概念。2009年6月16日，金砖四国领导人在俄罗斯叶卡捷琳堡举行首次正式会晤，成为启动金砖四国合作机制的标志。从此，金砖四国从一个虚拟的经济导向概念，逐步发展成为正式的政府间合作机制。

2010年12月，作为金砖四国合作机制轮值主席国，中国正式邀请南非成为该组织成员，金砖四国（BRIC）也因此改称金砖国家（BRICS）。南非的加入，使得金砖国家机制成为世界主要新兴经济体开展对话与合作、积极参与全球治理的重要战略平台。

为推动全球金融治理机制向公平、合理、包容的态势发展，2013年金砖国家领导人在南非德班举行的第五次会晤中制订了建立开发银行的路线图，并提议建立金砖国家稳定基金。2015年7月，在俄罗斯乌法举行的金砖国家领导人第七次会晤成为金砖国家合作机制发展史上的又一里程碑。乌法峰会就五国关心的广泛议题达成共识，通过了《乌法宣言》《行动计划》《金砖国家经济伙伴战略》等纲领性文件，为金砖国家中长期合作指明了方向。从这次峰会取得的丰硕成果可以看出，金砖国家的合作在不断深化，合作领域日益拓宽，合作水平不断提升，合作越来越务实。

2017年，中国将作为金砖国家轮值主席国，并于这一年9月在福建省厦门市举办金砖国家领导人第九次会晤。中方期待同各成员国一道，围绕"深化金砖伙伴关系，开辟更加光明未来"的主题，共同深化伙伴关系，谱写金砖国家合作新篇章。① 为此，厦门会晤有望在以下几方面取得重要进展：一是深化务实合作，促进共同发展；二是加强全球治理，共同应对挑战；三是开展人文交流，夯实民意基础；四是推进机制建设，构建更广泛伙伴关系。②

纵观"金砖国家"的发展历程，不难发现，从 2009 年领导人的首次会晤到即将召开的 2017 年厦门峰会，金砖国家合作机制历经数年时间发展，目前已经形成以领导人峰会为核心，以外交部长、经贸部长、安全事务高级代表等部长会晤和专门高官会晤为支撑，以智库论坛、国际工商论坛等二轨会议为辅助的制度性框架。可以预见，在后金融危机时代，金砖国家作为世界格局中的一支新兴力量，将会越来越广泛地参与到全球治理过程当中，不断促使国际政治、经济、金融体系朝着更加平衡和合理的方向发展。

◆ 二、金砖国家机制的合作基础 ◆

实际上，在合作初期，外界曾普遍担忧金砖国家可能会陷入俱乐部式的合作境况，从而使得金砖国家的缩写（BRICS）成为另一

---

① "2017 年金砖国家协调人第一次会议在南京开幕"，新华社，2017 年 2 月 23 日，http://news.xinhuanet.com/2017-02/23/c_1120519010.htm。

② "2017 年首场金砖智库会议召开，开启'金砖中国时刻'"，环球网，2017 年 3 月 22 日，http://news.china.com.cn/rollnews/news/live/2017-03/22/content_37987773.htm。

种诠释，即 B：Banquet（宴会）；R：Round-table speech（圆桌会议）；I：Issuing a joint communiqué（发表一个联合公报）；C：Camera fora group photo（拍一张集体照片）；S：Shaking hands（握手）。① 但是，经过八年多的共同演进和磨合，金砖国家间的合作意愿有增无减，务实合作硕果累累。

作为一个新生的国际合作平台，金砖国家合作之所以能够迅速发展起来，同时在合作的广度和深度上层层推进，并非偶然，"绝非内部经济发展因素使然，也非相关国家心血来潮的一厢情愿，更非来自于外部威胁的强大压力的结果"，② 而是有着强大的价值驱动力和深厚的物质基础的。

（一）理念基础

金砖国家虽然在社会文化、历史传统、意识形态等方面有着较大差异，但因同属于新型市场国家，各国经济和社会发展水平相近，因此在很多问题的认识上有共同的关切和利益诉求。例如，坚持自己的民族传统和国家特性，坚持自主选择发展模式；主张建立更加公平与合理的国际经济和政治秩序；寻求和平的国际环境，主张国际关系民主化与平等化以及合作共赢；支持联合国的中心地位和作用，希望建立一个"更加民主和公正的多极世界"等。③

---

① 江时学："金砖国家合作：宗旨、成效及机制"，《国际关系研究》2015 年第 3 期，第 19 页。
② 赵可金："发展、包容、稳定是一种金砖精神"，《环球时报》2011 年 4 月 20 日。
③ 王嵎生："2009 年'时代变迁'的四大征兆和中国外交面临的新课题"，2010 年 6 月 8 日，http://www.360doc.com/content/10/0608/09/1489650_31890401.shtml。

金砖国家在经济发展及全球治理中具有诸多相同或相似的主张与诉求，这决定了它们之间具备较大的合作空间和需求。在相当长的时期内，这都会成为金砖国家合作的理念基础。同时，金砖国家中的单个个体都还不具备与西方分庭抗礼的能力，因此金砖国家要想在国际事务中发挥更大的作用，必须依靠五国的团结合作。金砖国家携手共进，加强合作，以集体的声音和集团的力量推进其主张，具有某种必然性。从这个角度来说，创建金砖国家合作机制不失为一种抱团取暖的机智选择。

金砖国家合作机制既是中国、俄罗斯和印度三边合作机制的延伸，也是印度、南非和巴西三国"准联盟"机制的延伸。这是世界多极化加速发展过程中新兴市场经济体联合自强的需要，也是它们争取更大发言权的需要。它是金砖国家"谋求走出危机之路的新探索，提供了国际合作的新范式，拓展了国际秩序的新价值，代表着后危机时代国际秩序重建的新模式"。[1]

（二）物质基础

从首次金砖国家外长会议至今，金砖国家合作从无到有，从小到大，成为国际社会的一支重要力量，其中更深刻的原因在于金砖五国都被不同程度地纳入到国际分工体系当中。受制于本国的资源和产业分布，金砖国家形成了各具特色的比较发展优势，使得彼此间具备了广泛开展合作，实现协同崛起的贸易经济基础。

---

[1] 赵可金："发展、包容、稳定是一种金砖精神"，《环球时报》2011年4月20日。

金砖五国分别属于所在的亚非拉地区的大国，是各类国际组织的重要成员，在地区乃至全球都发挥着重要增长极的作用。① 金砖国家国土面积占世界领土面积的 29.6%，拥有的人口约占世界人口的 42.6%，贸易量约占全球的 16%，吸引外资约占全球的 18%，对外累计投资约占全球的 11%，外汇储备约占全球外汇储备总量的 40%。② 在全球经济总量中，金砖五国占有重要的地位，已成为世界经济增长的主要杠杆。从某种意义上说，金砖五国合作机制已是一个国际性质的组织，代表了多种族利益和需求。③

总的来说，金砖国家能够走到一起是互利共赢的选择。五国虽国情禀赋各有差异，但所处的发展阶段相近，都面临保增长、保稳定、保民生的艰巨任务。在经济发展过程中，也都会遇到调结构、护环境等相似的挑战或难题。而金砖国家合作为五国交流发展经验、破解发展难题提供了宝贵的平台。因此，金砖国家间既有开展广泛合作的坚实物质基础，也有促进共同发展的现实和战略需求，加强相互间的合作顺理成章。

◆ 三、金砖国家机制的内在特质 ◆

金砖国家机制建立之初虽然是为了联合应对国际金融危机，但

---

① 世界银行：《全球发展地平线 2011——多极化：新的全球经济》，中国财政经济出版社 2011 年版，第 17—19 页。
② 赵明昊：“金砖国家：新起点、新愿景、新动力”，《瞭望》2014 年第 29 期。
③ 杨鲁慧："金砖国家：机制·特质·转型"，《理论视野》2011 年第 11 期，第 58—61 页。

过去十余年金砖国家间的合作仍取得了显著的实质效果。金砖国家机制正逐渐成为以建设更加公正、公平的国际秩序为己任的"功能性合作机制"。归纳而言，金砖国家的合作呈现出务实化、开放性、共赢性三个方面的特质。

（一）务实化合作：金砖国家的共同使命

自金砖国家领导人首次会晤以来，金砖国家合作机制迅速发展，不仅实现了成员扩容，还完成了由侧重经济、金融领域向政治与经济并重的转变，在务实合作层面步步推进。① 各国领导人提出加强金砖国家伙伴关系，发表了多份宣言和联合公报，在经贸、金融、投资、科技等领域签署了多份合作文件，以期全面规划未来经贸合作蓝图，并进一步推动机制化建设。

2015年金砖国家领导人第七次会晤期间，五国领导人在深化金融合作等问题上达成多项共识，同时设立金砖国家开发银行和应急外汇储备库，使金砖国家间的合作进一步向"一体化大市场、多层次大流通、陆海空大联通、文化大交流的利益共同体方向迈进"，② 为构建更加紧密的金砖国家经济伙伴关系打下新的坚实基础。

与八年前的首次领导人会晤相比，第七次领导人会晤传达出进一步推进金砖国家务实合作的新声音，凸显出金砖国家合作机制的生命和活力。总的来说，从最初的首脑会晤到如今定期开展的各领

---

① 司文、陈晴宜："金砖国家合作机制发展历程与前景"，《国际研究参考》2015年第7期，第30页。
② "金砖峰会成果丰硕 多层次务实合作全面展开"，《金融时报》2015年7月11日。http://www.financialnews.com.cn/gj/gjyw/201507/t20150711_79954.html。

域部长级会谈、功能性专业性合作探讨等（包括安全事务高级代表会议、外长会议、常驻多边组织使节会议、国家统计局长会议、财长和央行行长会议、智库论坛等），金砖国家的合作正在从务虚逐渐走向务实，五国的合作领域日益广泛，内容越来越实质化，而未来金砖国家的合作也必将更加"实心化"。

（二）开放性道路：金砖国家的共同战略

从本质上讲，金砖国家机制并不是一种全球性的合作组织，而只是一种区域性的合作组织。金砖国家分布在欧、亚、非及拉美四个大洲，不但社会历史文化不同，资源禀赋、经济发展水平和结构也有一定差异。但不同于传统国家依靠地缘进行合作的模式，金砖五国跨越地理界限的合作，化解了各方在地区热点问题、双边关系和具体经贸政策等方面的诸多分歧，实际上是开辟了一种新的国家合作模式。金砖国家机制已成为不同地域、不同制度、不同模式和不同文明携手合作的经典范例。

金砖国家始终以开放性而非竞争性的眼光来看待彼此之间的差异，从而使五国的合作得以不断深化和扩大。比如说，由于同属于正在崛起的新兴经济体国家，金砖五国在对国际市场份额的竞争、对自身经济社会发展的期望、对国际政治经济权力的争取等方面，都难以避免地会表现出不协调甚至是利益冲突。但是，总体上看，作为新兴发展中大国，金砖国家间分歧和矛盾是支流，以利益交汇点为基础的合作互利才是主流、大局。

也正是在只有合作才能促进发展的战略共识之下，金砖国家才能更多地从互补、战略合作、机遇等角度，以较为开放的态度来处理扩容问题。2011年三亚峰会实现了金砖国家的首次扩容,南非作为非洲大陆的代表正式加入金砖国家合作机制。南非的加入,很好地体现了金砖国家更注重战略合作,而非狭隘地关注成员国经济规模的开放性思维。从这个角度来说,秉持开放和包容心态的金砖国家机制无疑具有很大的发展活力和延伸空间。

(三)共赢性发展:金砖国家的共同追求

基于"团结、合作、共赢"的理念,金砖国家先后在叶卡捷琳堡、巴西利亚、三亚、新德里、德班、乌法、果阿举行了七次领导人会晤。随着金砖国家伙伴关系的进一步加强,如今金砖国家经济总量已占到全球的25%,对全球经济增长的贡献超过50%,成为推动全球经济复苏和可持续增长的重要引擎。国际货币基金组织预测,至2030年,金砖国家经济增长率将普遍高于发达国家和其他新兴经济体。[1] 金砖国家尽管目前增速有所放缓,但其经济发展的基本面仍向好,平均增速仍比发达国家高出一倍以上。

此外,金砖国家开发银行的建立以及未来的稳健运行,可为建立稳定的金融网络、降低风险、应对全球金融动荡提供支援。加强机制化建设将有助于金砖国家更好地加强金融经济合作、加强人文交流、解决传统和非传统安全问题、加快参与全球治理的进程。

作为一支由新兴经济体和发展中国家组成的、对推动世界经济复苏、推动国际秩序朝着更加公正合理的方向发展发挥重要作用的

---

[1] 廖伟经:"金砖国家合作迈入新阶段",《经济日报》2015年7月11日,第007版。

力量，金砖国家的合作是开放透明的，其目的只是为了谋求相互间的有效沟通，而互利共赢原则将主导金砖国家间经贸合作的持续深入。金砖各国资源禀赋、产业结构和发展道路具有多样性和互补性，如能加强团结合作，必定会进一步增强金砖国家的发展活力。

◆ 四、金砖国家机制的发展道路 ◆

鉴于金砖国家合作致力于在全球治理等对外关系领域发挥作用，金砖国家合作机制建设应当以务实合作为主，夯实各国间的政治互信和共识，积极构建金砖合作机制的基本框架，同时配合对未来合作愿景的分析与研究，以期增强合作机制对参与国的内在向心力和感召力。具体而言，主要有以下四项基本工作：

（一）推进金砖国家合作机制

国家间的合作一般采用硬机制（机制化）[1]和软机制（非机制化）两种形式。软机制是指参与合作的成员国不成立正式的组织，没有组织章程和明确的宗旨，仅通过定期或不定期地召开首脑会议或其

---

[1] "机制化可分为低度机制化和高度机制化。低度机制化是指参与合作的国家组成一个松散的集团或组织，拥有章程和较为明确的宗旨，但不制定具有约束力的法规。由于不设立常设秘书处，该集团运转的主要工作由轮值主席国承担。除首脑会议外，还有其他形式的定期或不定期的部长级磋商或会晤。高度机制化通常适用于根据法律文件成立的正式国际组织。它有明确的宗旨、章程和行动纲领，也有固定的秘书处。成员国甚至还应该为维系其运转而必须缴纳会费。此外，这一组织通过的法律文件对其成员国具有一定的约束力。"材料来源于江时学所写"如何使'金砖'更具成色"一文。

他形式的部长或高官会议,共同发表联合公报或声明来表达共同的主张。① 总体而言,软机制更为强调国家间的协商以及持续的互动,而不是硬性的制度约束,其主要特点便是非正式性和低制度化。②

目前,金砖国家之间的合作便采用一种软机制,仅具有松散的论坛性质,对于参与合作的成员国并没有制度性的约束力,按江时学教授的说法,金砖国家合作仍处于"无明确宗旨"、"无章程"、"无常设秘书处"的"三无"状态。③ 这种合作机制仅包含外长会议、财长会议和领导人峰会等几个层级的定期或非定期会议,因此其运作成本较低,成员国的执行力低下,合作成效也较差。

虽然长期以来金砖国家领导人会晤成果以多边文件形式进行约定,以此推动金砖国家合作的步伐,这种方法具有较强的灵活性,被视为一种创新的合作模式,④ 且目前这并没有影响金砖国家合作经验的总结及制度化进程的巩固与推进,但显然未来金砖国家机制要想取得更大成效,必须逐渐完善和推进包括领导人峰会在内的各层级合作机制。

首先,金砖国家应在充分研究讨论的基础上,逐步探寻和确定这一合作机制的基本要素,如金砖合作的宗旨、目标、任务、机构设置以及成员国资格标准等,并努力就金砖国家合作的时间表和路

---

① 江时学:"如何使'金砖'更具成色",《世界态势》2014 年第 15 期,第 35 页。
② 任琳:"全球治理机制视域下的金砖国家合作",《贵州省党校学报》2016 年第 3 期,第 54 页。
③ 路静:"'金砖国家组织机制化与澳门平台角色研究'国际研讨会纪要",《国际问题研究》2015 年第 4 期,第 127 页。
④ 廖伟经:"金砖国家合作迈入新阶段",《经济日报》2015 年 7 月 11 日,第 007 版。

线图进行商讨，达成共识。

其次，在金砖国家合作机制建设的初始阶段要循序渐进推进合作的低机制化发展，不宜急于求成，尤其是在成员国扩容和秘书处设立等敏感问题上。同时，建立双边与多边争端仲裁和问题调解机制，以化解成员国间的矛盾和分歧，保障金砖合作稳健推进。①

此外，金砖国家在不同的议题领域进行了层次不同的合作，整体金砖框架下还存在多个次金砖国家合作机制，例如在气候变化领域有基础四国，在战略安全领域有中俄印三方会晤，印巴南还推动了 IBSA 合作机制并试图打造民主共同体，有序地推动次金砖国家机制与金砖国家机制的整合也是金砖国家新时期需要着手解决的课题。②

（二）创新金砖国家合作模式

金砖国家实力的有限性、内部的差异性以及利益的冲突性决定了金砖国家在推动合作深化过程中要不断创新思路。正如美国摩西山大学（Mount Mercy University）法学与哲学教授里奇（David Ritchie）所指出的，金砖五国不需要去适应主流国际制度理论提出的模型，而应尝试一种新型的国家合作模式。一个正式的金砖组织必将成为国际经济领域不可小觑的力量，也将改变国际社会的政治经济愿景。③

---

① 臧秀玲：" 后危机时代金砖国家合作机制的发展困境及其突破"，《理论视野》2015 年 8 月，第 65—69 页。
② " 金砖国家顺时而动 逐渐向机制化迈进绝非偶然"，中国新闻网，2011 年 4 月 7 日，http://www.chinanews.com/fortune/2011/04-07/2956811.shtml。
③ 路静："' 金砖国家组织机制化与澳门平台角色研究' 国际研讨会纪要"，《国际问题研究》2015 年第 4 期，第 127—130 页。

创新性合作既需要务实又需要前瞻，即根据实际情况发展切实可行的合作，同时加强富有前瞻性的制度设计，从而做到未雨绸缪。[1] 目前，金砖五国对彼此的经济实力和发展前景都较为看好，这使得它们相互之间开展金融合作及推动本币国际化较为顺畅。金砖国家合作机制并不局限于在成员国经济合作层面发挥作用，在巩固既有合作成果的同时，金砖国家可不断充实扩大合作内容和领域，构筑多层次的机制框架。

目前，金砖国家合作机制下衍生出的议会论坛、公民论坛、青年峰会等新的合作平台，标志着金砖国家开始在更多领域探讨合作的可能性，同时也为新的金砖国家合作打下了基础。在解决国际性问题、改善国际金融体系等方面金砖国家间仍有较大的发展空间，今后合作的重点应集中于各方共识多、敏感性低、可操作性强和见效快的领域，力求将机制建设带入可持续发展的轨道，防止合作出现反复甚至倒退。[2] 在具体的行动步伐上，金砖国家间可适时增加有关全球治理问题的协调，以增强成员国在立场和行动上的相互呼应。

（三）提倡平等与效力的兼顾路径

金砖国家成员综合实力差距很大，如何在合作中更好地兼顾平等与效力是一大挑战。作为"成色最足、分量最重"的金砖，中国

---

[1] 牛海彬：”金砖国家合作的评估与前瞻"，《华东师范大学学报（哲学社会科学版）》2013年第4期，第122页。
[2] 臧秀玲：”后危机时代金砖国家合作机制的发展困境及其突破"，《理论视野》2015年8月，第65—69页。

在金砖合作中发挥着至关重要的作用。在金砖国家合作机制的框架下，中国在多大程度上发挥引领作用以及如何引导金砖发挥积极作用，对于未来金砖合作的机制建设至关重要。

中国政府长期坚持政治上求同存异、经济上互利共赢的国际交往原则，高度重视金砖国家合作机制在中国多边外交和国际体系转型中的重要作用。习近平主席也曾指出，金砖国家合作有利于促进世界经济更加平衡、全球经济治理更加完善、国际关系更加民主，[①]它是推动国际关系的积极力量。

然而，作为世界第二大经济体和安理会常任理事国，中国拥有支持该机制走向深入的最多资源，但也正因如此，中国成为金砖合作的利益和矛盾汇集之所在。金砖国家中的其他成员更为看重这个新兴经济体平台并希望通过这个平台提升自己的大国地位，既不希望中国凭借实力和多投入占据主导地位，也不希望因完全的国家平等原则和均等投入而导致金砖机制影响力有限。以金砖国家开发银行为例，虽然最终各国按照"相同出资、民主决策"原则投入相同金额，但总部定于上海仍会引发对经济实力强大的中国主导该银行的担忧。

多边合作的永恒困境是绝对获益与相对获益的同时存在，这种困境要求中国从合作大局出发，以兼顾各方利益的方式开展合作。同时，也要求金砖其他成员切实奉行团结、合作和共赢的伙伴精神，这样才能有助于推动金砖国家合作持续走向深入，[②] 实现"凝聚共

[①] "国际积极评价中国在金砖中的作用"，《人民日报》2015 年 7 月 1 日，http://intl.ce.cn/sjjj/qy/201507/01/t20150701_5813748.shtml。

[②] 刘清才："超越传统的权力政治，构建和谐的世界新秩序——中国和平发展导论的理论与实践"，选自梁守德、李义虎主编：《中国与世界：和平发展的理论与实践》，世界知识出版社 2008 年版，第 38—48 页。

识,加强协作,深化合作"的共同目标。

纵观近年来金砖国家经济的发展状况,中国在其他几国遭受金融危机影响、经济增速放缓之时,仍保持着稳定的经济增长,提高了金砖各国经济发展的信心,在金砖国家合作中发挥了积极的正面作用。未来中国还将在金砖国家合作中扮演日益重要的角色,继续为助力世界经济发展做出重要贡献。

(四)增强与其他国际治理机制的对话

"金砖国家"合作机制既是中国、俄罗斯和印度三边合作机制的延伸,也是印度、南非和巴西三国"准联盟"机制的延伸。金砖合作机制的形成反映了时代变迁的潮流,同时也体现了几大新兴市场经济体争取更大发言权的需要。目前,金砖国家在协调立场、实现基本共同方面取得了较多成果,在一定意义上成为世界经济复苏和增长的"领跑者"。为了减少合作中出现"意大利面碗效应"(Spaghetti Bowl Effect)的混乱情况,同时也为了使金砖国家"用一个声音"说话,[①] 金砖国家应尽可能在主导合作进程的同时,扩展同"印度—巴西—南非三国对话论坛"以及中—俄—印三边合作机制间的交流与沟通,从而充分调动成员国家参与的积极性,形成更强的凝聚力。

此外,值得一提的是,金砖概念的提出者吉姆·奥尼尔(Jim O'Neill)之后又发明了"增长型经济体"和"薄荷四国"的概念,

---

① "金砖国家顺时而动 逐渐向机制化迈进绝非偶然",中国新闻网,2011年4月7日,http://www.chinanews.com/fortune/2011/04-07/2956811.shtml。

将韩国、印度尼西亚、墨西哥和土耳其等同样具有较好经济发展前景的国家列出来。此后也相继出现了"新钻11国"（NEXT-11）、"展望五国"（VISTA）、"灵猫六国"（CIVETS）等不同形式的新兴经济体概念。虽然这些新兴经济体概念的关注度和影响力均不及金砖国家，① 但金砖国家若能同这些国家开展合作，那其产生的效能将是巨大的。金砖国家可通过与这些新兴经济体国家开展合作，一方面进一步增进发展中国家间的合作交流，拉近同金砖五国之外的其他新兴经济体之间的关系；另一方面也有利于新兴经济体国家在G20集团内更加有效地协调立场，② 提升金砖国家制衡G7的实力。

当然，除了同这些新兴经济体国家加强合作外，金砖国家也同样可以考虑增强与当前主要国际治理机制（如联合国和二十国集团等）间的对话，利用现行国际机制和论坛提供的适当场合，努力提高成员国之间政策立场的一致性。通过加强金砖国家间国际立场和行动的同步性，在重大的国际问题上共同发声和协调行动，从而提升新兴经济体国家在国际事务和全球治理中的整体力量。③

综上所述，自金砖国家建立峰会机制以来，"金砖"这个概念早已超出高盛当年提出时的纯经济范畴，成为新兴经济体在全球经济治理体系中谋求话语权的平台。④ 现阶段，作为世界新兴经济体的代

---

① 司文、陈晴宜："金砖国家合作机制发展历程与前景"，《国际研究参考》2015年第7期，第30页。
② 江时学："金砖国家合作：宗旨、成效及机制"，《国际关系研究》2015年第3期，第19页。
③ 臧秀玲："后危机时代金砖国家合作机制的发展困境及其突破"，《理论视野》2015年8月，第65—69页。
④ 王龙云："建立多层次全方位合作架构金砖国家的务实与远见"，《经济参考报》2016年9月，第2页。

表，金砖国家发展阶段相似，利益诉求相近，相互间进一步加强合作的基础较为牢固，如何进一步增强金砖国家合作的效率和有效性，继续推动金砖国家合作的机制化建设和机制整合，是新时期金砖国家合作迫切要完成的重要任务。

作为2016年金砖国家合作的轮值主席国，印度曾经将金砖国家合作机制整合确定为本年度的重要目标之一，但果阿峰会在这一方面最终取得的成果有限，成效不甚明显，这意味着将接过金砖国家轮值主席国席位的中国在2017年会承担起这一重任。

金砖国家要成为具有强大落实能力和执行能力的合作机制，在新时期应充分考察现有的各个金砖国家合作机制，并弄清各机制之间的协调性，以充分发挥各机制的潜能，从而高质高效地落实金砖国家历次峰会和各合作机制的成果。此外，作为新形势下发展中大国之间"南南合作"的新平台，金砖国家合作机制建设需要坚持务实合作的基本原则，充分发挥五国各自的相对优势并将相互间的合作延伸至更多领域。同时，在当前全球治理框架下，五国应积极缔造金砖合作机制的框架，以实现更加公平、更加包容的共同发展。

归结而言，在当前世界各国相互依存空前加深的情况下，金砖国家合作如果始终能秉承求同存异、互利共赢的精神，那就能持续克服彼此之间在地缘、政治、经济等方面的差异和制约，从而在全球经济重塑过程中实现更稳定、更具包容性的发展，成为更加名副其实的闪闪"金砖"。

金砖国家扩容的可行性研究

张　庆[*]

金砖国家的概念由金砖四国发展演变而来。2001 年,美国高盛公司首席经济师吉姆·奥尼尔(Jim O'Neill)在研究报告《全球需要更好的经济之砖》中首次使用这一概念,将其认为全球最具资本投资价值的四个国家的首字母联系起来组合成一个全新的经济概念,作为金融资本投资的风向标。随后,高盛公司发表了题为《与 BRICS 一起梦想:通往 2050 年的道路》的全球经济报告,正式使用了金砖四国(BRICs)的概念,报告预计,世界经济格局到 2050 年将发生剧变,届时全球六大经济体将变为中国、美国、印度、日本、巴西和俄罗斯。[②] 2008 年全球金融危机爆发后,欧美发达国家经济受到重创且复苏乏力,与之形成鲜明对比的是,金砖国家的经济表现引起整个世界的瞩目。金砖国家在如何发展经济、政治革新及改

---

[*] 张庆,法学博士,四川外国语大学国际关系学院副教授、院长助理,中国社会科学院墨西哥研究中心副秘书长,四川外国语大学金砖国家研究院政策研究所所长,从事拉美政治、中拉关系、金砖国家研究。

[②] Dominic Wilson, and Roopa Purushothaman. "Dreaming with BRICs: The path to 2050." *Global economics paper* 99 (2003): 1.

革国际政治经济旧格局等一系列问题上表现出共同立场,其在国际经济贸易和全球治理方面的突出表现使二战后一直存在的"北强南弱"的局面发生了极大变化。虽然新兴国家的力量崛起还不足以彻底颠覆当前的国际实力对比,但作为一种不可逆转的历史趋势已日渐明显。

金砖国家合作始于 2006 年,中、俄、印、巴四国外长在联合国大会期间举行了首次会晤。2009 年 6 月 16 日,金砖四国领导人首次峰会在俄罗斯叶卡捷琳堡举行。这次峰会上,金砖四国作为一个整体在世界舞台上首次正式亮相。自此,金砖四国从一个虚拟的单纯的经济指向的概念,逐步发展成为现实的具有实力的组织存在。2011 年 4 月 14 日,金砖国家领导人第三次会晤在中国海南三亚举行,在此次峰会中,南非作为金砖国家的新成员首次参加峰会。金砖四国随之演变成为金砖国家(BRICS),金砖五国领导人共同商讨了如何加强金砖国家合作机制等问题。由此,金砖国家开启了其扩容的第一步。放眼未来,基于其目标定位、外部压力以及当前国际形势等因素的考虑,金砖国家不会停止扩容的步伐。

◆ 一、金砖国家扩容的合理性 ◆

(一)扩容有利于实现金砖国家的目标定位

大体来说,金砖国家的宗旨和目标定位表现在以下四个方面:第一,在现有经济增长的基础上提高质量,并向全面、平衡和可持续方向发展。金砖国家之间应继续拓展经贸合作的规模和深度，展开全方位、多领域的合作。第二，建立具有时代特点的新型伙伴关系，体现金砖国家群体的多元化、宽领域、跨地区和可塑性等合作特色。第三，加强金砖国家之间、发展中国家内部、发展中国家和发达国家之间的包容性合作关系。第四，金砖国家在国际体系和平转型中提升话语权和规制权的同时，增加对国际社会的贡献，如应对气候变化、强化能源资源保障、加强地区合作等。质言之，金砖国家合作的精神可概括为：发展、伙伴、包容、贡献。[①]

应该说，金砖国家扩容与其本身的精神价值不但不矛盾，反而有利于其目标的实现。首先，近年来，与发达国家和全世界平均水平相比，新兴经济体保持了相对持续的高速增长。根据普华永道的预测，到2042年，全球经济总量将会翻一番，2016年至2050年的年均经济增长率为2.5%，增长动力大部分源于新兴市场及发展中国家。未来30多年，七大新兴市场国家（E7）即中国、巴西、印度、印度尼西亚、墨西哥、俄罗斯、土耳其的年均经济增长率达3.5%，但七大工业国（G7）即美国、英国、加拿大、法国、德国、意大利及日本，在这期间的年均经济增长率将只有1.6%。[②] 所以，增加以新兴经济体为代表的成员国数量有利于保持金砖国家整体良好的发展势头。其次，金砖国家并非单纯的个别国家的简单组合，而是蕴含着丰富而深刻的区域色彩。中国与亚太、巴西与拉美、南非与非

[①] 杨洁勉："金砖国家合作的宗旨、精神和机制建设"，《当代世界》2011年第5期，第22页。

[②] The long view: How will the global economic order change by 2050? PwC Report, Feb. 2017, p. 4.

洲、印度与南亚、俄罗斯与中亚和东欧，都呈现出一种密不可分的关系，金砖国家也理所当然地成为各个区域经济合作的积极推动者。[①] 金砖国家这一角色定位决定了其通过包容性发展模式实现经济持续增长。该模式追求均衡、有序和普惠的经济发展，其根本目的是让更多地区、国家、人群都能享受到经济增长和经济全球化的益处，在可持续发展中实现世界经济的协调发展。金砖国家扩容有利于尝试不同理念、不同发展模式、不同道路、不同政体和不同意识形态的共存共荣。再次，金砖国家既是现有国际体系的受益者和维护者，也是现有国际体系的建设者和改革者。在当今"多极化时代"，国际格局多极化加速推进使改进全球治理带有很强的"大国共治"色彩。西方大国被迫与新兴大国分享权力、分担责任。面对层出不穷的全球性挑战，西方主导的国际机制却不同程度地"失灵"。金砖国家扩容有利于形成高效的新型多边机制，在全球机构和政策设计中发挥更积极的作用。

（二）扩容有利于缓解外部压力，完善合作机制

以金砖国家为代表的新兴经济体的群体性崛起，意味着对全球治理旧秩序的挑战。金砖国家合作机制的不断深化，尤其是实体化机构如金砖开发银行的运行，不可避免地对由发达国家主导的国际机构构成了竞争。因此，自金砖国家合作机制启动以来，西方国家

[①] 樊永明、贺平："'包容性竞争'理念与金砖银行"，《国际观察》2015年第2期，第1—14页。

从未停止对金砖国家的拉拢、孤立与分化，排挤甚至挤压金砖国家参与全球治理的空间。① 吸纳新兴经济体成为新的成员国有利于缓解当前金砖国家面临的外部压力。其一，土耳其、墨西哥、印度尼西亚和尼日利亚等新兴经济体作为地区经济发展的推进器，有利于稳定区域经济，分散发达国家的打击对象。其二，新成员国的加入有利于增强金砖国家在当前主要国际治理机制（主要是联合国和二十国集团）和具有国际影响力的专门论坛中的话语权。通过协调金砖国家之间的国际立场和行动的一致性，该集团在重大的国际问题上共同发声和协调行动得以促进，从而提升了新兴经济体国家在国际事务和全球治理中的整体力量。② 其三，金砖国家内部机制仍未完善，因此创新是必须，合作是关键。外界一直认为金砖国家内部分化趋势在扩大，目前中国在金砖国家中的比重已占到67%以上，远高于美国在G7中的占比。长此以往，矛盾可能会逐渐集中到中国身上，因此金砖国家在G20的11个新兴市场国家中吸收新成员迫在眉睫，新成员的加入和机制创新将有助于稀释矛盾，增加共识。③

（三）扩容有利于遏制当前民粹主义与逆全球化的趋势

2016年，以英国脱欧与特朗普当选美国总统这两个所谓"黑天

---

① 司文、陈晴宜："金砖国家合作机制发展历程与前景"，《国际研究参考》2015年第7期，第35页。
② 臧秀玲："后危机时代金砖国家合作机制的发展困境及其突破"，《理论视野》2015年第8期，第69页。
③ 陈凤英："金砖国家扩容迫在眉睫"，环球网，2016年12月16日，http://opinion.huanqiu.com/1152/2016-12/9817832.html。

鹅事件"为标志的民粹主义在西方抬头,给世界未来的发展带来不确定性,也将对世界政治生态产生重大影响。民粹主义发轫于平民主义的草根运动,其特点是打着维护平民利益的旗号,通过诉诸"人民"的方式,挑战既有权力体制或当权阶层的行为。从当前民粹主义的发展看,其在经济层面,表现为主张贸易保护主义,反对经济全球化的倾向;在政治层面,表现为民众对政府的不信任与不合作;在社会治理方面,表现为盲目排外的反移民倾向。历史的经验已经证明,民粹主义所通常具有的狭隘性、非理性、激进性、情绪化的特征决定了它不可能成为解决经济政治社会问题的灵丹妙药。相反,民粹主义一旦成为社会主流并将其政策主张付诸实施,往往会导致经济停滞、政治失序与社会动荡。特别是,如果民粹主义与极端民族主义合流,则将会给世界秩序与国际关系带来难以预计的冲击。正因如此,国际社会对于在民粹主义裹挟下的世界政治发展前景不能不抱有深深的忧虑,不能不对此保持高度的警惕。[①]

在民粹主义和逆全球化趋势有所抬头的今天,加大国家间合作的力度、广度与深度显得尤为重要。近几年,全球经济治理中公共产品的增加受益于新兴经济体国家经济实力的迅速增长。然而,在既有全球治理机制框架下,以金砖国家为代表的新兴经济体国家拥有的制度性权力与其现有的实力和贡献在当前严重失衡。金砖国家的人口总数占到全球总人口的43%,总统的外汇储备占到全球的40%,金砖国家的经济总量占到全球的21%,但是金砖国家在全球

[①] 赵晓春:"2016年国际形势中的几个突出问题",《思想理论教育导刊》2017年第1期,第63—67页。

经济治理问题上却拥有与其经济体量极不对称的话语权。以世界银行为例,五个金砖国家的投票份额只占 13%,而美国一个国家的投票份额却达 15% 之高。另外在国际货币基金组织中,五个金砖国家表决总份额仅占 11%,而美国一个国家的份额就达 17% 之高,比五个金砖国家总份额数高出 6 个百分点。[1] 在此背景下,接受新成员国的加入有利于增强金砖国家的整体经济实力,增加其为全球经济增长的贡献,继续加大为治理全球性经济风险提供公共产品的力度,切实深化国际合作,推动全球化的进程,进而压制民粹主义和逆全球化的趋势。

(四)扩容有利于推进南南合作的进程

南南合作是南方国家即发展中国家之间开展的合作,其本质是南方国家借力共赢,谋求发展,反抗发达国家剥削的一种政治经济选择。自南南合作概念生成以来,作为第三世界团结互助的象征,它便具有深刻的政治内涵:南南合作就是南方国家团结协作,应对西方国家的压迫和剥削。但是,冷战结束后的 30 多年里,意识形态在国际政治中明显消退。在如今的南南合作中,"南"与"北"的区分淡化,"南"与"北"的对抗性减小。有学者指出:当年"南南合作"的提出是为了通过加强合作,改变南方国家在国际经济格局中所处的不利地位,强调的是"南"、"北"的对抗性,而现在

---

[1] 任琳:"全球治理机制视域下的金砖国家合作",《贵州省党校学报》2016 年第 3 期,第 51—57 页。

"南"与"北"已经去意识形态化，不复当年的语境。南方国家在20世纪80年代以后出现的经济政治发展分化，经过20多年的演变，已经难以再被视为一个声音说话的整体。

新兴经济体抱团取暖的客观事实为新时期的南南合作提供了可能。在南南合作开展近50多年后的今天，新兴经济体国家形成了不同的产业结构、发展思路及独有禀赋。差异可能带来摩擦甚至竞争，但也为合作提供了可能。如今处于全球化进程中的绝大多数南方国家都走上了市场经济发展道路。市场在资源配置和经济运行中发挥基础作用，私人经济、股份制企业等市场单位获得较大发展，多国企业制度趋同，金融体系、市场体系不断成熟。经济全球化客观上将多数南方国家纳入一个相互依存的紧密环境之中，提供了通行规则和机制。相似的国内市场经济和共同的国际经济环境，为新时期南方国家间的合作奠定了共同的合作生态。一种以市场为导向的，以经济效益为驱动的，富有活力、可持续的新南南合作成为可能和必然。[1] 王毅外长在十二届全国人大第五次会议记者会上表示，构筑南南合作的新平台。我们将探索"金砖+"的拓展模式，通过金砖国家同其他发展中大国和发展中国家组织进行对话，建立更广泛的伙伴关系，扩大金砖的"朋友圈"，把金砖合作打造成为当今世界最有影响力的南南合作平台。[2]

---

[1] 申文、季宇："南南合作发展的新趋势与动力论析"，《理论界》2016年第6期，第117—123页。

[2] 王毅："要探索'金砖+'模式，扩大金砖国家'朋友圈'"，国际在线，2017年3月8日，http://news.cri.cn/20170308/ba02fb45-fbc6-116a-5f08-f8af32d67fad.html。

（五）金砖国家本身的发展历程证明扩容的合理性

2010年底，南非被正式吸纳为金砖国家，由金砖四国升级为金砖五国。南非的加入不是因其出色的经济表现，而是因其在非洲的重要性。南非作为非洲大陆在全球影响力最大的国家加入金砖国家合作机制，可以更好地代表非洲国家利益，为非洲经济发展谋取更大的国际合作空间。金砖四国的扩容说明继续增加成员是一种集团化趋势。越来越多的国家想跻身其中，证明它是有吸引力、向心力的，表明新兴经济体有意愿联合起来，协调立场，提出诉求，谋求共同的利益。

◆ 二、金砖国家扩容的潜在对象 ◆

以经济总量和经济增速为基础，同时考虑到人口规模、资源禀赋、发展前景以及国际影响力等因素，可以推断，如果金砖国家继续扩容，那么土耳其、墨西哥、印度尼西亚和尼日利亚四国将是最有可能的候选国家。

（一）土耳其

土耳其是欧亚非三大洲重要的中转地和交通枢纽，有利的地缘优势大大促进了其经济的发展与繁荣。土耳其矿产资源比较丰富，主要有天然石、大理石、硼、铬、钍和煤等，总值超过两万亿美元。其中，天然石和大理石储量占世界的40%，品种数量均居世界第一。

自20世纪80年代实行对外开放政策以来，土耳其经济实现了跨越式发展，由经济基础较为落后的传统农业国向现代化的工业国快速转变。自2002年正发党上台以来，土耳其加大基础设施建设投入，不断改善投资环境以吸引外资，大力发展对外贸易，经济建设取得较大成就。2003年至2015年，土耳其经济总量从3049亿美元增长至7200亿美元；人均国民收入从4559美元增至9261美元。根据国际货币基金组织统计，2016年土耳其国内生产总值7357亿美元，同比增长3.3%，人均国民生产总值9316美元。

土耳其在地区外交中加强独立性，对地区的力量平衡产生了影响，一定程度上改变了美国主导的传统地区格局。近年来，土耳其与伊朗、沙特、叙利亚等国合作，多次协调伊拉克、黎巴嫩内部矛盾，帮助伊拉克、黎巴嫩组建和稳定政府，也凸显了地区大国在构建地区新秩序过程中的独特作用。

（二）墨西哥

墨西哥是拉美的第三大国家，由于其地理位置沟通南北美两洲，素来被称为"陆上桥梁"。墨西哥矿产资源非常丰富，天然气、金、银、铜、铅、锌等15种矿产品的蕴藏量位居世界前列，石油在国民经济中占有重要的地位，墨西哥是拉美第一大石油生产国和出口国。墨西哥是拉美经济大国、北美自由贸易区成员、世界最开放的经济体之一，同46个国家签署了自贸协定。工业门类齐全，石化、电力、矿业、冶金和制造业较发达。2015年墨西哥国内生产总值增长为2.5%，通胀率为2.3%，失业率为4.2%。

在对外关系方面，墨西哥长期奉行独立自主的外交政策，主张维护国家主权与独立，尊重民族自决权，推行对外关系多元化，主张和平解决国际争端。在历史上的多个时期，墨西哥都试图在发展中国家，尤其是拉美国家扮演领导者的角色。进入21世纪后，墨西哥尝试国际角色的转型，其角色定位从此前的南方世界领袖转向旨在成为发达国家和发展中国家之间的桥梁。这种多边主义外交为墨西哥提供了一个新的视角，使其从地区抱负中摆脱出来，去追求更广范围的全球性作用。此后，墨西哥积极寻求在国际多边舞台的领导力和参与度。福克斯政府时期，墨西哥提出高调的外交战略，认为国际社会希望墨西哥在全球事务中发挥领导作用。2006年，继任的卡尔德龙总统认为其对外政策的主要目标是提升墨西哥的国际地位，以反映该国巨大的经济规模、丰富的自然资源、优越的地缘条件以及人口和文化的重要性。2012年大选，墨西哥实现第二次政党轮替，培尼亚·涅托总统提出了其外交政策的总目标——恢复墨西哥在世界上的领导地位，并在解决全球性重大挑战上确立墨西哥作为一个新兴力量的影响力。[1]

---

[1] 冯峰：“全球气候治理中的墨西哥：角色转型与政策选择”，《拉丁美洲研究》2016年第2期，第67—78页。

（三）印度尼西亚

印尼是世界第四人口大国，人口达到2.5亿。其自然资源丰富，富含石油、天然气以及煤、锡、铝矾土、镍、铜、金、银等矿产资源。矿业在印尼经济中占有重要地位，产值占GDP的10%左右。印尼是东盟最大的经济体，农业、工业、服务业均在国民经济中发挥重要作用。2004年苏希洛总统执政后，积极采取措施吸引外资、发展基础设施建设、整顿金融体系、扶持中小企业发展，取得积极成效，经济增长一直保持在5%以上。2008年以来，面对国际金融危机，印尼政府应对得当，经济仍保持较快增长。在工业化进程中，印尼虽起步晚于东亚"四小龙"，但其基础和规模并不逊于前者，并且在发展速度与潜力方面已经成为新兴国家中的佼佼者。从总量来看，根据世界银行的统计数据，2015年印尼国内生产总值为8619亿美元，全年经济增长率为4.79%，位列墨西哥之后，为世界第16大经济体，占到整个东盟的1/3强，是东盟经济总体实力最强的国家。印尼经济发展的良好势头在世界范围内所折射出的影响力已经被国际社会认可，印尼成为二十国集团中的新兴经济体成员之一，也是东南亚的唯一代表。

作为东南亚最大的国家、二十国集团中唯一的东南亚成员，印尼具备了成为新兴强国的基础和条件，有进一步扩大外交舞台的雄心。印尼积极推行中等强国战略，力争成为全球有影响力、地区有领导力、经济有竞争力、形象有亲和力的新兴强国。印尼地缘政治最显著的特征与优势就是扼守着连接两大洋、沟通东西方咽喉的战略通道，这是印尼最重要的战略资产，而其中最重要的是马六甲海峡。此外，印尼还掌控着巽他海峡、龙目海峡等另外两条战略航运通道。对这些战略海峡，印尼的态度和举动非常重要，直接影响和关系到贸易航道的安全。作为正在崛起的新兴中等强国，印尼对外战略的重心是通过推行中等强国外交，积极参与国际和地区合作机制，广泛拓展多边外交舞台，提升印尼的国际地位和国际影响力，巩固其领导地位，真正成为一个地区领袖国家，也就是扮演东盟的核心角色，成为东盟的"共主"和东盟地区对外的"代言人"。从更长远的目标出发，印尼是要跻身世界十大强国行列，实现与大国平起平坐的夙愿，赢得国际社会的真心尊重。[1]

（四）尼日利亚

尼日利亚具有丰富的自然资源，已探明的矿藏有 30 多种，主要有石油、天然气、锡、煤、石灰石等。已探明石油储量 372 亿桶，居世界第十、非洲第二位。已探明天然气储量达 5.3 万亿立方米，居非洲第一。煤储量约 27.5 亿吨，为西非唯一产煤国，森林覆盖率为 17%。尼日利亚从 20 世纪 70 年代起成为非洲最大的产油国；1992 年被国际货币基金组织列为低收入国家；1995 年起政府对经济进行整顿，取得一定成效。目前，尼日利亚是非洲第一大经济体，2013 年经济总量全球排名第 26 位。石油业系尼日利亚支柱产业，其

---

[1] 戴维来："印度尼西亚的中等强国战略及其对中国的影响"，《东南亚研究》2015 年第 4 期，第 12—17 页。

他产业发展滞后。尼日利亚也是地区金融和商业中心，拥有西非第一大证券交易所，西非50强企业中有44家来自尼日利亚。

在外交方面，尼日利亚奉行广泛结好、积极参与国际事务、促进和平与合作的外交政策；长期执行以非洲为中心的外交战略，力图发挥地区大国作用；积极倡导南南合作、南北对话；重视发展与西方、发展中大国关系；积极参与联合国事务，参加维和行动部队人数达5000余人，是联合国维和行动第五大出兵国；是联合国、不结盟运动、77国集团、世界贸易组织、石油输出国组织、非洲联盟和西非国家经济共同体（西共体）等国际组织成员国。21世纪以来，尼日利亚还积极寻求参与新兴的国际组织，如二十国集团、金砖国家集团等。尼日利亚谋求参与这些国际多边平台和机制绝不仅仅是为了参与而参与，更是意味着谋求国际社会对其地区领导权的认可，并通过以非洲代表的身份参与这些组织来获取更大层面的国际利益，从而反过来筑牢和巩固自己的非洲领袖或大国地位和形象。近年来，尼日利亚加大技术援助团的活动力度，在联合国积极为非洲代言，积极呼吁安理会改革并参与非常任理事国席位的竞选。从这个角度出发，可以看出追求非洲领袖地位是尼日利亚外交的根本和核心目的。[1]

所以说，不管是从幅员面积、人口规模、经济实力还是地区影响、国家形象、对外政策、国家治理这些标准来看，以上四国既是地区经济的发动机，也是全球治理的重要推手。它们的国家战略与

---

[1] 邓文科：《1999年以来的尼日利亚"非洲中心"外交研究》，浙江师范大学硕士学位论文，2015年，第83页。

金砖国家总体目标具有内在一致性。正因如此，它们的加盟必将推动金砖国家合作在深度和广度上不断发展。

三、金砖国家扩容的意义

在新兴经济体崛起的不断实践中，它们逐渐意识到现存的国际政治经济旧秩序是阻碍其进一步发展的深层次障碍，但是单凭每个国家的力量都不足以同合作机制化程度如此之高的西方主导的国际格局相抗衡，于是出现了当前越来越多的新兴国家间的合作，其中以金砖国家合作机制最为引人注目。对于金砖国家来说，"金砖"最重要的意义可能在于，它突破了传统国际关系理论对于国家间合作关系的解读，特别是在现实主义视角下的国家结盟模式。参加金砖合作的国家都是全球或地区性大国，但是金砖国家从一开始就拒绝封闭的俱乐部模式，对同其他国家和国际、区域性组织的联系与合作持开放态度。基于当前的国际形势和各国自身所处的历史地位，金砖国家扩容有助于为参与国提供更广阔的发展平台，在推动成员国之间合作日益规范化、机制化的同时，实现金砖国家整体在未来全球秩序中的引领作用、提升全球治理的层次并促进全球包容性发展。

全球治理视域下的金砖国家合作

徐惊奇[*]

◆ 一、金砖国家的机制化合作进程 ◆

自 2001 年金砖四国在高盛集团首席经济师吉姆·奥尼尔（Jim O'Neill）的一篇经济报告中被提出，金砖四国开始由一个投资概念在相关国家的努力下逐步发展为一支"促进世界经济增长、完善全球治理、推动国际关系民主化的重要力量"。[②] "2008 年，西方金融危机给全球经济带来系统性危害，客观上推动了金砖国家合作机制的形成和完善。"[③] 2009 年，四国领导人聚首俄罗斯召开首次峰会。2010 年南非申请加入，BRIC 再变身为 BRICS，四国变为五国，统称

---

[*] 徐惊奇，硕士，四川外国语大学国际关系学院副教授，研究方向为媒体外交。
[②] 杨洁篪："在 2017 年金砖国家协调人第一次会议开幕式上的讲话"，外交部网站，http://www.fmprc.gov.cn/web/ziliao_674904/zyjh_674906/t1441030.shtml，2017 年 2 月 23 日。
[③] 任琳、尹继武："金砖国家合作的起源：一种理论解释"，《国际政治研究》2015 年第 5 期，第 102 页。

为金砖国家。南非的加入，扩大了金砖国家所涵盖的区域，让金砖国家在代表新兴市场国家和发展中国家发出声音方面更具有代表性。五个金砖国家拥有世界42%的人口和接近30%的世界经济份额。"作为国际政治经济格局中重要的参与者，金砖国家通过广泛参与全球资本有效配置，优化金融监管方式和手段，其对外投资的地域分布、资产种类、辐射影响正逐步扩展，对世界经济企稳回升也发挥着日益强大的作用。"① 至今，金砖国家已经举办了八次领导人峰会，每次会议都有共同签署的共同声明或宣言。领导人峰会的召开，是金砖国家合作机制的重要标志，每次会议所发表的共同声明或宣言都是金砖国家合作机制化的重要体现。在此基础上，各国的联系与合作也更加紧密，尤其是近几年发布的宣言，所涵盖的议题范围更广泛，金砖合作机制逐渐发展并日趋成熟。

金砖国家作为联合国、世界银行、国际货币基金组织、二十国集团等国际组织和机制的重要成员，在全球治理中占有重要的位置，全球治理中的重要议题都离不开金砖国家的参与。关于金砖国家参与全球治理的重要性问题，我们可以根据中国国家主席在历届金砖国家领导人峰会上的讲话进行分析。2014年巴西福塔莱萨峰会，在提到坚定不移地塑造有利外部发展环境时，习近平说："我们应该推动完善全球经济治理，把增加发展中国家代表性和发言权的有关共识和决定落到实处，确保各国在国际经济合作中机会平等、规则平等、权利平等。"2015年在俄罗斯乌法峰会上，习近平在谈到金砖国家6年来所走过的历程时提到了全球治理，他说："我们推动世界

---

① 王浩："全球金融治理与金砖国家合作研究"，《金融监管研究》2014年第2期，第80页。

经济增长，完善全球经济治理，加强新兴市场国家和发展中国家在国际经济金融事务中的代表性和话语权，让世界银行、国际货币基金组织等传统国际金融机构取得新进展，焕发新活力。"无论是对发展中国家代表性和话语权的争取方面，还是为世界经济增长做出应有贡献方面，金砖国家都和全球治理有着密不可分的联系。

自2009年至今举行的八次领导人峰会上，中国领导人在除2009年外的每次会议上都提到了"治理"，各种和治理有关的提法共出现了23次，具体包括全球治理、全球治理体系、全球经济治理、全球金融治理、全球治理变革等。在各届峰会上，提到治理次数最多的是2015年，一共出现了七次，除了前述的部分提法外，还包括国际货币基金组织治理结构、互联网治理权利、国家治理体系和治理能力等更进一步和细致的提法。围绕治理有关的说法越多，表明金砖国家对于治理的理解越深入，更加能看出金砖国家对参与全球治理做出努力的决心。全球治理由来已久，无论是国际联盟的成立，还是联合国多年来对世界事务的积极参与和协调，都是全球治理的重要表现。全球治理的方式可以是以联合国为中心的正式方式，也可以体现为通过国际货币基金组织、世界银行、二十国集团、七国集团等国际组织或机构来进行的非正式方式。本文要讨论的金砖国家参与全球治理则属于后者。

◆ 二、金砖国家参与全球治理的现状 ◆

近年来，由于金砖国家以积极合作的方式在世界范围内表现活跃，金砖国家参与全球治理作为现象或问题已成为学界和政界关注的重点。除了每年一度的峰会、金砖国家开发银行和应急储备机制是金砖国家合作的表现亮点外，金砖国家也遭受了一些批评。比如，"金砖国家暂未形成明确的组织架构，没有宪章，没有常设机构，没有真正的秘书处，它在严格意义上还称不上是一个国际组织或国际机构，而更多地被视为一种对话机制"。[1] 无论是"金砖威胁说"，还是"金砖褪色说"，都表明金砖国家已然成为国际关系发展和全球治理进程中的重要组成部分。

金砖国家能否以及怎样对全球治理的常态产生影响，是本文要讨论的一个基本问题。"2014年7月在巴西福塔莱萨召开的金砖国家首脑会议引发了对该国家集团的未来及其国际影响的争论。"[2] 金砖国家所要做的，不仅是通过舆论发声来应对有关质疑，更重要的是用实际行动来参与全球治理的各个领域，做出与其实力相当的贡献。当然，目前金砖国家面临的问题也不容忽视，"从金砖国家发展速度的迫降、产业结构的差异和各自遇到的难题来分析，金砖国家的确不是成熟的市场联合体。但金砖国家已形成合作机制，而且中印双核的发展前景广阔。作为全球化时代最富创意的机制，金砖国家现在不是空洞的概念，也不是被证伪的虚妄联合体，而是既存机遇又面临严重挑战"。[3] 事实上，金砖国家的紧密合作，一方面是通过合

---

[1] 王叶飞："金砖国家间的战略沟通研究"，《国际观察》2016年第3期，第106页。
[2] ［美］拉尔夫·科萨："金砖国家间的合作对全球治理意味着什么？"，周余云等主编：《金砖在失色》，中央编译出版社2016年版，第245页。
[3] 张敬伟："金砖国家的成色到底几何？"，http://opinion.china.com.cn/opinion_54_120554.html，2015年1月26日。

作促进各自的发展，另一方面也是在为全球治理做出更进一步的贡献。

金砖国家的实力的确不容小觑。"1990 年，金砖五国在世界经济中所占的份额仅为 7.98%，2012 年这一数字上升到 20.32%，份额提升近三倍。与此同时，高收入国家（发达国家）在世界经济中所占的份额则处于不断下降的趋势。"① 以金砖国家为代表的新兴市场国家和发展中国家的声音也理应受到重视。以国际货币基金组织为例，由于诸多发展中国家一直对它们在国际货币基金组织的相对不平等地位表示不满，随着 2016 年国际货币基金组织的参与国配额改革，金砖国家在国际货币基金组织的总权重达 14.7%，这样的权重比例对于阻止股东们的决定将起到重要作用。在此基础上，新兴经济体和发展中国家的总体份额也相应提升，改革后，金砖五国除南非外的四国都进入了 IMF 前十位的份额持有国。除了配额的变化，董事会成员的产生方式以及成员多样性等问题都有相应的改变。这足以说明金砖国家所发出的声音正在得到认可。

有学者指出，"在既有全球治理机制框架下，以金砖国家为代表的新兴经济体国家所拥有的制度性权力与其现有的实力和贡献在当前严重失衡"。② 以金砖国家与二十国集团（G20）和七国集团（G7）等治理平台的关系为例，通常认为目前金砖国家的话语权还不够明显。"虽然 G20 是一个涵盖面较广的新型全球经济治理体系，

---

① 李稻葵、徐翔：“全球治理视野的金砖国家合作机制”，《改革》2015 年第 10 期，第 56 页。
② 任琳：“全球治理机制视域下的金砖国家合作”，《贵州省党校学报》2016 年第 3 期，第 51—52 页。

成为全球治理的新现象,但是在 G20 的成员国当中,金砖国家是新兴经济体国家组成的治理组织平台,而 G7 则是作为发达国家的治理平台存在。两者虽然可以通过 G20 进行沟通,但是金砖国家在全球治理领域的话语权依然较为薄弱。"[1] 也有观点认为,"'二十国集团'(G20)开始分裂成代表发达经济体的'七国集团'(G7)和代表新兴经济体的'金砖五国'(B5),全球治理体系实际上陷入到'零国集团'(G0)的无序状态"。[2] 当然,金砖国家的合作是不是发展中国家彼此联合通过竞争的方式来抗衡发达国家的话语权只是一种观点,我们可以把金砖国家的合作看成是各发展中大国的跨区域合作,以非对抗的方式来参与全球治理,理性发出发展中国家声音的方式。2016 年《果阿宣言》第 32 条就说道,"我们呼吁欧洲发达经济体履行让出两个 IMF 执行董事会席位的承诺。IMF 改革应该增强撒哈拉以南非洲等最贫困成员的发言权和代表性。"这种类型的发声,可以理解为是促进世界金融机构的变革,以利于更好地进行全球金融治理。同时,金砖国家开发银行的建立和应急储备条约的签订,是金砖国家在金融领域进行制度化合作的重要标志。这种金融方面的深度合作,逐渐使金砖国家明晰了在实现金融稳定与经济发展之间的态度和战略。

近年来,金砖五国在经济治理方面达成的共识已有目共睹,但如果要继续在包括政治治理在内的多方面找到共同点并开展深度合

---

[1] 任琳:"全球治理机制视域下的金砖国家合作",《贵州省党校学报》2016 年第 3 期,第 52 页。

[2] 转引自朱杰进:"金砖国家合作机制的转型",《国际观察》2014 年第 3 期,第 60 页,参见[美]伊恩·布雷默著,孙建中译:《零国集团时代:谁是新世界格局中赢家和输家》,新华出版社 2013 年版。

作，仍然有很长的路要走，主要原因是五国在政治制度和相关理念上存在较大差异。以俄罗斯为例，"俄罗斯对金砖国家身份的认同感较高。俄罗斯把金砖国家合作机制看作是其当前实行多边外交的平台，是促进其与发展中国家合作的桥梁，金砖国家合作机制的健康发展有利于俄罗斯在国际政治体系中获得更多的支持，有利于俄罗斯维持全球战略平衡，增加其全球影响力"。[①] 每一个国家对这样一个论坛和协调机制并存的平台都有着各自的看法。再以2011年新加入的南非为例，"南非的加入象征着金砖已不是高增长的经济体的集合，而是使金砖具备了更大的为新兴世界代言的合法性"。[②] 此外，作为两个地区发展中大国，中印在边境问题上存在矛盾。无论是从事实还是各国表现出的合作意向，以及学界和政界甚至金砖国家内部关于金砖国家讨论的不同观点，我们都能看出金砖国家业已具备不容忽视的实力，并且能通过建立在兼容并包基础上的合作协调机制对全球治理做出实实在在的贡献。

◆ 三、金砖国家合作参与全球治理的路径 ◆

当前的全球治理状况并不能说是健康发展的，无论是全球社会共同面临的越发严峻的环境问题和反恐形势，还是联合国改革遭遇

---

① 郑华、程雅青："俄罗斯对金砖国家身份的建构"，《俄罗斯研究》2016年第6期，第194页。
② Oliver Stuenkel, The BRICS and the future of global order, Lexington Books, 2015, p. 53.

的困境，在一定程度上都可以被认为是全球治理部分"失灵"的表现。"全球治理本身是一个协商过程，是一个参与和身份重塑的过程。要真正改变全球治理失灵现象，就需要以多元主义的世界观、以伙伴关系的思维方式、以参与治理过程的实践活动建构起一种真正的全球身份认同。"①

合作是金砖国家与全球治理的基础，既包括金砖国家之间的合作，也包括金砖国家与其他国家在全球治理方面的合作。"金砖国家的合作起源于其政治经济崛起的背景和国际制度的非中性，金砖国家间政治和经济相互依存、逐渐增长，国际地位和利益追求的共识超越了国家间同质性差异，进而产生联盟组织的信任，推动金砖国家组织的制度化和机制化发展。"②据近年来金砖国家发布的峰会宣言做简略统计，在2016年《果阿宣言》中"合作"一词出现了70次，2015年《乌法宣言》中更是出现了117次。以《乌法宣言》为例，宣言中提到的关于合作的表达包括三种类型：一种是关于总体和地域方面的表述，如金砖国家间合作、国际合作、南南合作和南北合作等；第二种是不同合作领域的表述，包括金融合作、经济合作、贸易合作、信息技术合作、立法和执法合作、禁毒合作、外空合作、科技创新合作、产能合作、农业合作、人口合作、国际文化合作和文化艺术合作等等；第三种则是一些类型或性质方面的表述，比如合作框架、合作机制和建设性合作等。

---

① 秦亚青："全球治理失灵与秩序理念的重建"，《世界经济与政治》2013年第4期，第18页。
② 任琳、尹继武："金砖国家合作的起源：一种理论解释"，《国际政治研究》2015年第5期，第102页。

金砖国家走到一起就是为了合作的，在合作基础上促进各国共同发展，在合作机制的推动下，为全球治理做出应有的贡献。金砖国家在 2016 年《果阿宣言》里承诺，"我们强调构建创新、活力、联动、包容的世界经济的重要性。我们将继续同 G20 成员紧密合作，加强宏观经济政策协调，促进创新、强劲和可持续贸易和投资，推动全球经济增长，完善全球经济治理，增强发展中国家的作用，加强国际金融架构"。虽然是宣言性质的说法，但这仍是金砖国家在完善全球治理过程中所做出的郑重承诺。具体而言，全球治理视域下，金砖国家既要有合作的能力、合作的决心，同时还得采用一系列具有可操作性的合作方式。

（一）加强合作机制建设

2016 年金砖国家在《果阿宣言》里明确表示，"我们重申，金砖国家有必要秉持团结、相互理解和信任的精神，加强全球事务的协调和务实合作。我们强调共同应对国际问题，以及通过政治和外交途径和平解决争端的重要性，并重申我们对《联合国宪章》原则的承诺"。金砖国家需要通过建立在合作机制基础上的行动来发出声音，试图观照各领域问题，并尝试用更公平的规则去影响目前的治理现状。金砖国家之间的合作是典型的非零和博弈。在合作的过程中，需要加强各方间的战略沟通，促进共同利益，推动多领域的全球治理。

金砖国家在世界经济中所占份额和经济增长能力已是有目共睹，"经合组织 2012 年 11 月 9 日发布的远至 2060 年的《世界经济展望》

认为，今后半个世纪的世界经济增长主要靠新兴国家带动，印度、中国、巴西等新兴大国经济增长将长期快于发达国家"。① 但如何能让经济数据变为各国间携手合作并达到双赢的效果则是公平有效的合作机制需要解决的问题。具体到金砖国家的合作机制建设方面，"目前已经形成了一套全方位、多层次、宽领域的合作治理架构。其中，领导人峰会是最高层次，最为核心，对整个金砖合作发挥政治和战略引领的作用；其下是安全事务高级代表会议、外长会议、财长央行行长会议、贸易部长会议、农业部长会议、卫生部长会议、科技部长会议、教育部长会议、统计局长会议、合作社会议、税务局长会议、海关署长会议、竞争力会议、禁毒部门会议，发挥着务实合作的作用；再下是国有企业、反腐败、人口、科技、经贸、文化、农业、司法、城市化论坛等高官会和工作组会议，起到技术支撑的作用；以及智库理事会、工商理事会、友好城市暨地方政府论坛、智库论坛、工商论坛等其他合作机制，发挥智力支持和夯实合作的社会民意基础的作用"。② 内涵广泛的合作治理架构的建立以及有效运作，是保证金砖国家参与全球治理的基础。

一方面是已经开展起来的广泛的合作，同时金砖开发银行和应急储备安排已投入运行，但我们仍需要明确金砖国家合作的实质和意义。关于金砖国家合作的不同观点，目前出现较多的主要是合作方式和合作性质的观点，比如"跨区域合作"、"非对抗方式"、"包

---

① 林跃勤：《金砖国家：增长转型与持续发展》，林跃勤、周文主编：《金砖国家发展报告.2013：转型与崛起》，社会科学文献出版社 2013 年版，第 21 页。
② 朱杰进：《金砖国家合作机制的转型》，《国际观察》2014 年第 3 期，第 61—62 页。

容性竞争"、"南南合作的新范式"等。金砖国家的紧密合作到底会不会给现有全球秩序带来冲击，或者会不会只是简单的联合以抗衡发达国家的话语权，目前来看这些问题都已得到部分解答，越是明确的回答越会让各方放下猜疑而投入到更广泛的合作中来。在金砖国家内部，"只有增强金砖成员国身份建构，增强内部认同感，才能保证金砖国家在具体问题领域开展务实合作，推进全球治理机制建设"。①

金砖国家也意识到其他全球治理平台可能会有的质疑，在多种场合均强调金砖国家的立场和愿意与各方开展有效合作的决心。比如 2014 年《福塔莱萨宣言》第 3 条中，"我们重申对与其他国家，特别是新兴市场和发展中国家以及国际和地区组织持续深化合作持开放态度，愿与各国政府和人民进一步发展团结合作关系"。再如 2015 年《乌法宣言》第 66 条中，"我们承诺将进一步强化并支持南南合作，强调南南合作是南北合作的补充而不是替代，南北合作仍是国际合作的主渠道"。笔者认为，金砖国家一方面是通过行动消除各方质疑，另一方面是要切实做好合作机制的建设，以保证合作的成果。"随着金砖国家间关于自身内部的地位、身份和利益共识的逐步增大，在既有的体系压力和共同改革体系规范的愿望下，金砖国家超越了国家间同质性差异较大的现实，进一步增强了金砖国家合作的未来可持续的预期。"② 可以认为，随着金砖国家间合作的进一

---

① 郑华、程雅青：＂俄罗斯对金砖国家身份的建构＂，《俄罗斯研究》2016 年第 6 期，第 181 页。

② 任琳、尹继武：＂金砖国家合作的起源：一种理论解释＂，《国际政治研究》2015 年第 5 期，第 127 页。

步加深，金砖国家治理能力将得以进一步提升，同时也可以促进多领域内全球治理工作的进一步展开。

（二）注重战略规划

战略设计和规划向来是大型项目的基础必备环节，而且一定程度上决定着项目的成败。若把金砖国家合作看成一个项目，那这个项目从产生到运行，从发展到成熟，无一不需要战略设计和规划的参与。"金砖国家治理体系和治理能力的现代化，最关键是要加强规划，把全球治理和国内议程的关系理顺，实现政治、经济、社会的全面协调发展。"[①] 金砖国家参与全球治理时要做的战略规划工作，主要是指金砖国家作为一个整体和参与国际社会各类合作时需要提前做好的战略规划，还指在金砖国家内部各领域合作时同样需要做的战略规划。

金砖国家只有在合理有效的战略规划基础上积极展开合作，才能逐渐在全球包括经济、环境在内的多领域话题上发出声音。"全球规则的设定、全球治理、话语权是发展中国家的弱项，金砖国家作为发展中国家的重要力量和代表，在这方面的集体努力，有助于提高全球政治和经济秩序的公正性和合理性。"[②] 尤其是在参与和塑造2015年后的国际发展议程方面，金砖国家更"需要进一步创新自身

[①] 刘劲松："全球治理视角下的金砖国家合作"，周余云等主编：《金砖在失色》，中央编译出版社2016年版，第17页。

[②] 韩方明："金砖国家：带给世界机遇"，《人民政协报》2016年10月20日，第3版。

发展模式，在创新发展和转型升级的基础上，巩固和提升各方合作，积极参与国际规则的制定，为新兴和发展中国家争取更多的发展权和话语权"。①

以金砖国家与二十国集团（G20）的合作为例进行说明。在2016年《果阿宣言》中，金砖国家明确表示，"我们将继续同G20成员紧密合作，加强宏观经济政策协调，促进创新、强劲和可持续贸易和投资，推动全球经济增长，完善全球经济治理，增强发展中国家的作用，加强国际金融架构"。G20向来是金砖国家认同并强调的重要国际经济合作论坛，"二十国集团的成立本身就说明现有制度体系的不充分性和低效度性，但G20成立之后的运作及其难以达成一致的实际状态也反映了改革的艰难"。②应运而生的金砖和金砖国家合作机制需要针对G20发展过程中所面临的实际问题，在战略规划方面做好扎实的工作。"如果说G20是发达经济体与新兴经济体共同参与的全球经济治理的核心机制和国际经济合作的首要平台，那么金砖国家合作机制则是新兴经济体在全球经济治理中加强政策协调的合作平台。而且，这两个平台更是以相互促进、相互强化的方式在互动。随着金砖国家系列峰会机制的不断深化，金砖国家已经不可避免地成为推动全球治理改革的新兴力量。"③战略规划要避免只为金砖国家内某国或某两国的自身利益最大化，否则金砖国家将

---

① 权衡、虞坷："金砖国家经济增长模式转型与全球经济治理新角色"，《国际展望》2013年第5期，第38页。
② 秦亚青："全球治理失灵与秩序理念的重建"，《世界经济与政治》2013年第4期，第12—13页。
③ 沈逸、江天骄："金砖国家推动全球治理"，《中国社会科学报》2016年8月26日。

无法为全球治理做出应有的贡献。

由于国际局势的复杂和各国具体发展情况的不明确，国际组织和国际机构往往很难做到有明晰的战略规划。即使问题发生，能在短时间内拿出有效应对的预案也有很大难度。"1997—1998 年东亚发生经济危机，国际货币基金组织无法提出妥善的解决方案，致使东亚国家采取了自救的方式，东盟+中日韩（'10+3'）机制才得以应运而生。多哈回合长时间陷入僵局，世界贸易组织无力推进，一个直接的结果就是双边和小多边自由贸易区的迅速发展。"[1] 国际货币基金组织和世界贸易组织的案例给金砖国家的战略规划工作敲响了警钟，那就是既要有长远的战略、中长期的规划，同时还要有短期的战术设计，当突发状况产生时，各方能高效合作，拿出有效预案来进行积极应对。金砖国家应加强其成员国之间的经济合作和相关规则的制定，通过多领域合作，更好地将成员国内部的活力与优势进行有效结合。"金砖国家作为新型全球化的重要力量，需要从经济发展、治理能力乃至制度文明多个维度进行长期的调试和准备。"[2] 此外，还要做好相应的评估机制建设，以保证合作的效果。

（三）充分利用智库和媒体发声

在智力支持方面，金砖国家智库委员会可以发挥重要的作用。

---

[1] 秦亚青：《全球治理失灵与秩序理念的重建》，《世界经济与政治》2013 年第 4 期，第 9 页。

[2] 牛海彬：《新型全球化中金砖国家的战略选择》，《国际观察》2014 年第 3 期，第 81 页。

2013年，在各方推动下，南非德班金砖国家领导人会晤决定成立金砖国家智库委员会。2017年1月11日，金砖国家智库合作中方理事会在北京成立，这表明中国国内金砖国家研究和智库合作已经开始了实质的工作。同时，金砖国家各成员国的智库有必要利用各国丰富的智库资源，凝聚金砖国家智慧，深入合作，形成共同体，为金砖国家合作贡献智力支持，完善金砖合作机制。

新闻媒体向来是一国软实力的重要体现，如果金砖国家能利用好各国媒体平台，注重成员国间媒体的合作，在全球范围内发出以金砖国家为代表的新兴市场国家和发展中国家的声音，同样是完善全球治理的重要方式。2015年12月1日，首届金砖国家媒体峰会在北京举行。峰会是由中国新华社倡议并联合巴西国家传播公司、今日俄罗斯国际通讯社、印度教徒报和南非独立传媒集团共同发起的。虽然这次峰会只有来自金砖五国的25家媒体的代表出席，但围绕峰会主题"创新发展、合作自信"的深入研讨以及媒体间因峰会而建立起的良好合作关系将对金砖国家间的媒体合作产生重大影响。

此外，智库和媒体之间也有互动的空间。"应鼓励智库研究人员与媒体保持良好的合作关系。一方面，经常性地发表文章、专栏评论可一定程度影响舆论氛围；另一方面，在发生重大国内外热点问题时，媒体也更加倾向于在第一时间找自己熟悉或具有良好合作关系的智库发表独立看法或事件点评。"[①]

总体来说，全球治理视域下的金砖国家合作仍具有很大的发展

---

① 蔡春林、刘美香："金砖国家智库发展及其启示"，《中国社会科学报》2017年3月31日。

空间。金砖国家在建设合作机制时要有长远的战略眼光,还要有相对合理且及时的评估机制作为跟进合作进程的保障。金砖国家既要放眼全球事务,遵循《联合国宪章》,积极同联合国、国际货币基金组织、世界银行、二十国集团等开展合作,又不忘发出新兴市场国家和发展中国家的诉求,共同推进全球治理,共建人类社会美好未来。

金砖国家和全球化新范式的必要性

Gracjan Cimek[*]

白　中[**]　译

理解国际关系有利于领悟国际体制、国际秩序和国际范式。第一个国际体系是以许多政治和文化联合体的系统原则指导下出现的活动和机构形成的综合领域为特征的。第二个国际秩序是指在一定的历史时期确定的国际交流运行模式,通过平衡国际交流的内容和形式、经济结构的类型、文化和意识形态领域来阐述相关原则,以显示其所具有的权利,并为它的凝聚力和合法性服务。范式的分门别类明确规定了执行者的行为模式,并确定了其内容和价值观。这种范式主要用来描述在不同历史时期的研究员群体用相同的理念(《本体论》),及其解释和评价的标准,并用通过这种范式获得的学术成就(模式)为实践提供行动规则。[③] 一般而言,范式是基于一

---

[*] Gracjan Cimek,博士,波兰海军学院国际关系研究所副所长,研究方向为全球治理。
[**] 白中,硕士,四川外国语大学国际关系学院讲师,研究方向为英语语言文学(主要英语国家社会文化)。
[③] Th. S. Kuhn, *The Structure of Scientific Revolutions*, PWN, Warsaw 1968, p. 39.

系列的基本假设,并构成我们这个世界的蓝图。范式作为概念建构的基础,比概念模型更加宽泛。相比通过一系列概念假设而形成的理论,繁体范式赋予意义典范,① 因而也更广泛。然而,类似于维也纳秩序(1815)和雅尔塔—波茨坦会议(1945),这种范式可以在它们搭建的框架范围之内讨论。

本文旨在:1. 概述当前全球化的范式以及其实施的影响;2. 彰显对金砖国家这个国际集团的认同;3. 概述新兴金砖国家的范式。

◆ 一、西欧范式危机 ◆

亨利·基辛格(Henry Kissinger)曾指出"从来没有一个真正意义上的全球秩序"。目前,被我们所认为的这个世界秩序,仅是四个世纪前在德国威斯特伐利亚召开的一次和平会议上被编造出来的而已,许多来自其他大洲和文明的代表并没有参加那次会议,因为这些代表没有获得邀请或者根本不知道这次会议。② 这反映了西方推理主义者因自身的优越感而处于对诚实和事实之间的症候混乱状态。事实上,在17世纪之前被国际秩序所采用的形式是对西欧文化范式的复制,而当时西欧文化的特征是具有分离真理和更高价值观的原则的"两种文化"的逻辑,③ 即来自笛卡尔西方思想中的美丽和善

---

① R. W. Mansbach, J. A. Vasquez Mansbach R. W., Vasquez J. A., *In Search of Theory. A New Paradigm for Global Politics*, Columbia University Press, New York, 1981, pp. 4, 71.
② H. Kissinger, *World order*, *Czarne*, Warsaw 2016, p. 10.
③ See: C. Snow, *The Two Cultures and the Scientific Revolution*, Warsaw 1999.

良。形成这个观点的一个重要原因是，当时自然科学具有特权，它取代了神学和哲学为社会设定目标。社会科学已然成为加强西方自由秩序的工具。

这种占主导地位的范式使得国际政策被当做一种对抗。由于现实主义和新现实主义的分类，以下这些观念都被认为是公理：人类的永恒存在（宇宙），内在的邪恶，相比国家之下个体的自私，社会关系的混乱和随意，以强胜弱的观点。国际化进程的本质是：国与国之间竞争成为权力中心的较量，自我利益的实现以及暴力和战争成为解决办法。任何问题：为什么它是这样；无论是好是坏、道德与否，都是不科学的问题。这样的假设为国际现实的内在特征提供了一个对抗性的矛盾。它们同样也存在于国际关系研究的其他流派的研究中，例如关于自由主义和新自由主义激烈的概念斗争，马克思主义的阶级斗争和不同文明之间的冲突。与此同时，执行者之间社会关系的意义理应被表明在他们特定的多维度空间没有单向度的存在，这是一个首先要考虑的假定。它是关于调查在具体时间与空间中的地缘政治执行者的行动和利益之所在，并能根据矛盾的迹象表达共存、合作和斗争，一直以来都与揭露他们那些潜在的规范假设下的道德有关。

这便是我们同意前面提到的观点的原因，特别是在西方科学领域。"我们经常忘记我们的思想和观念是在某种社会文明的前提条件下形成的"，[1] 也即是说，科学是某一特定文明下的产物。从西欧的

---

[1] J. Siergiejewicz-Piwowarow, A. Fursow, *Russia-the state, the nation, the empire?*, *The Poles and the Russians*. 100 key concepts, Library, "WIĘZI", Warsaw 2002, p. 191.

普遍主义转向共同的普遍主义是有必要的。① 由于这种范式，普遍主义和比较理想的增益理论（马克斯·韦伯）是能够成为发展和评价国际关系的基础的。

◆ 二、全球化单核心范式的矛盾 ◆

　　全球化的本质是世界各国诸方面的彼此依存。全球化使独立的民族或者国家从受个体结构因素经济、法律、政治、意识形态领域的影响转变成受外部因素的影响，如全球范围、地区内、非政府国家地区发展的原因。国与国之间相互依存的新型品质包含：国家之间和国际环境相互调节；社会生活的非线性和不稳定性的增加，并激化相反的现象出现；作为全球化进程的部分趋于统一化和多元化。在全球化的背景下，各个国家的作用在不断改变，进行活动的客体和工具也变了。当代全球化已经演化成一个以西方国家为中心、美国占主导地位的国际秩序，这也是我们会谈论单核心的全球化，即西方化的原因。从全球化的属性中，我们可以发现和确定以下几点：

1. 全球社会现象之间的联系（主要是经济联系）；
2. 美国是当代全球化的政治中心；
3. 西方文明的主要思想和组织机构都发源于此；

---

① Common universalism recognizes that we should "reject the essentialist definitions of social reality, make connected with history both the universal and the particular; Combine rigorous sciences and humanities within one common epistemology and allow clinical and skeptical view about any justification for interventions of "strong" against the weaker". I. Wallerstein, *European universalism. The rhetoric of power*, Publishing house Dialog, Warsaw 2007, p. 96.

4. 商业文化大规模传播；

5. 市场经济运行的两个维度：现实和虚拟（金融）；

6. 强调资本、商品和服务的自由流动（自由化）；

7. 全球范围内新兴社会阶级的相关利益的形成。①

全球化的各种矛盾已经显现，② 并通过主流形式表明其意识形态的特性，这些矛盾如下：

1. 跨国公司安排有序的生产和普通社会生活的混乱状态之间的矛盾。现代企业从社会公共收入中获得越来越多的金钱。国家在政府组织和跨国组织的压力之下，变得越来越弱；

2. 社会生产和个人拨用经费之间的矛盾。这一矛盾特别显而易见，为了防止国家资助流入企业，从而导致公共债务增加；

3. 基于个人主义价值观的营销文化为吸引顾客而采取的激进主义和群众的被动性之间的矛盾。因为文化行为模式领域出现了这样一句话：我思故我在（Adam Karpiński）。为了努力满足自己的物质需求，人类生活受到限制。在更新达尔文这句"生存竞争"的过程中，已无暇实现人性。随着"想怎样"的社会模式的消除，接踵而至的是"有什么"社会生活方式。现代人已经被转变成单维度的人了；

4. 不断增长的人口和经济领域的自动化与机器人技术运用导致

---

① These are the intrinsic features of contemporary globalization, which must be distinguished from the correlates and accidents. See: G. Cimek, *In the maze of concepts-globalization as a theoretical category*, "Zeszyty Naukowe AMW", 4/2011 (187), Gdynia 2009, pp. 159–178.

② See: D. Bell, *The Cultural Contradictions of Capitalism*, Basic Books 1996; D. Harvey, *Seventeen Contradictions and the End of Capitalism*, Oxford University Press, 2014.

的失业之间的矛盾。① 科技革命减少了工作量，但这类工作只是要求体力而已。与此同时，需要创造性思维的工作量还是很大的。为了获得无限量的资源，社会必须需求新的组织形式；

5. 不断增长的信息量与传递这些信息的方式和途径之间的矛盾，以及那些信息对于个人发展意义重大和对于全世界不同地区的社会团体的重要性之间的矛盾；

6. 人内在的停滞不前与人物质生活条件的进步之间的矛盾。这是向前行进的人性丧失。社会发展仅仅限于对自然界更有效的控制；

7. 人类工作的总体内容与其碎片化之间的矛盾，这在对生存手段的追寻中得到揭示。因此，工作是令人厌恶的［瓦尔德·斯宾格勒（Oswald Spengler）］；②

8. 国家各种社会特性之间的矛盾，即是说在一定范围内整个社会的运行和提供给资本阶级的实质服务。收自全民的税收仅仅属于特定的人拥有，这使得这一国家的非意识形态成为全球化的虚伪表现之一；

9. 教育技术化和对制造商的人性化需求之间的矛盾（纳米技术生产），通过拓宽他们的思路，形成完整的哲学的世界观；

10. 个人评估的需求不断增大，个体管理的团体、自我管理以及地区和更大机构的整体运作之间的矛盾；

11. 一些国家核心地区设法巩固其政治、意识形态和经济优势与那些半周边和周边地区力图摆脱不发达状态的矛盾；

---

① M. Ford, Rise of the Robots: *Technology and the Threat of a Jobless Future*, Basic Books 2015.

② See: O. Spengler, *The Decline of the West*, Oxford Paperbacks, 1991.

12. 全球范围内从自由化和私有化中受益的阶级和被国家认可的社会群体之间的利益矛盾。

随着2008年金融危机的爆发，全球化的发展也遭遇巨大危机，并预示着自16世纪以来形成的垄断的结束，这种垄断使得西方国家从以下几方面拖延了整个世界历史的进程：政治（民主）、经济（市场）、科学（技术）和知识（现代主义）。经济危机与欧洲为中心的话语权危机同时出现，这是因为希望通过缩小全球化的范围来实现所谓的自由贸易，给一定范围内的市场经济提供一个自由市场，并期望通过批准私有财产的规则和法律来掌控权力。[①] 200多年来，现代化和西方化是等同的。然而，全球化却不再与西方化画等号了。

世界面临的文化危机，引发了人类思考地球的范式改变的需求。亚当·卡宾斯基（Adam Karpiński）指出，为了受益于主体—主体的范式，有必要废除主体—客体这种范式。几个世纪以来，物质发展的局限性及其部门一直在论证《使地球受制于人》中的观点。该书指出，人类是行动的主体，地球是开发的客体，然而21世纪物质上的进步却使得包含国际关系在内的人际关系成为人类社会的一个基本难题。因此，现在正是可以改变社会关系中行为方式的时机。[②] 创造一个新的行为体系需要以下三个步骤：

1. 知识方面——明白这个世界正在发生什么；
2. 道德方面——选择这个世界发展的方向；

[①] J. Sapir, New XXI century. *From the "American Century" to return of the nations*, Publishing house Akademickie DIALOG, Warsaw 2009, pp. 72 – 76.

[②] A. Karpiński, *The crisis of contemporary culture*, Publishing house University of Gdansk, Gdańsk 2003.

3. 政治方面——想出在政治领域做事的方法。①

◆ 三、金砖国家认同—诠释的困境 ◆

金砖国家的成立源于需要寻求一个新范式。② 为了应对当时的危机挑战,第一届金砖国家峰会于 2009 年在叶卡捷琳堡召开。

与金砖国家之前的活动解释不同。在新自由主义理论的框架内,这个奉行多边主义的集团强调追求以经济为主的权力平衡。在这种趋势下,金砖国家作为一个日益增长的经济力量,想在不破坏现行国际秩序的前提下,去影响全球经济决策议程。③ 这个模式是根据集团中俄国参与原则而意识到金砖国家间的合作应当具有无障碍的特征,在遵守《联合国宪章》的前提下,成员国在基于开放、务实和团结的原则下达成一致意见。④

这个论证是基于这样一个假设:新兴国家力量在接受全球化的

---

① I. Wallerstein. *Utopistics*: *Or*, *Historical Choices of the Twenty-first Century*, Poznań 2008.

② G. Cimek, *The global aspirations of the BRICS group*, "Socialspace Journal", No. 1/ 2013 (5), pp. 128 – 158. http://socialspacejournal. eu/Pi% C4% 85ty% 20numer/Gracjan% 20Cimek% 20 – % 20Globalne% 20aspiracje% 20grupy% 20BRICS. pdf (10.01.2017).

③ R. Thakur, *Theorising BRICS*: *Institutionalisation and Cooperative Agendas* (w:) *Laying the BRICS of a New Global Order. From Yekaterinburg 2009 to Ethekwini 2013*, edited by Francis Kornegay, Global Fellow, Wilson Center, with contributions from Paulo Sotero, Africa Institute of South Africa, Pretoria 2013, pp. 190 – 193.

④ Концепция участия Российской Федерации во бъединении БРИКС, Утвержена Президентом Российской Федерации В. В. Путиным 9 февраля 2013 года, http://www. mid. ru/brp_ 4. nsf/newsline/D23D45D62C00F78E44257B35002ACD50 (8.09.2013).

同时抗拒以某一个国家为实施中心，①那在他们看来无异于19世纪的帝国主义。它类似于社会主义者批判国际体系中运用的自由主义。自由、平等和博爱的价值观虽好，却因生产资料私有制的经济体制和意识形态之间的矛盾而并未实现。同理，现代国际秩序没有实现人类所向往的那些价值观：合作、自由贸易、国际机构和法律规则。尽管受到跨国公司的影响，加之其他新自由主义全球化的执行者们使用过这些价值观，但这却是新兴经济体发展者们想要回避的观点。

用马克思主义理论来理解的话，金砖国家反过来还被看做是资本国家的联盟，具有融入全球经济一体化的特征，但同时又保持着准国有和国有企业在组织国家经济发展中的主导地位。②克里斯托弗·麦克纳利（Christopher McNally）强调金砖国家与西方自由主义不同的显著特征如下：（1）产业政策领域实施干涉主义，工具包括战略贸易和投资政策；（2）在企业中推行"国家冠军"政策，通常情况下，技术部门属于私有，资源部门总是国家持有；（3）在国内资本国际化的过程中，发展国有财富基金；（4）实施金融监管和分配，包括金融领域从属于国有银行制定的产业政策目标。③因此，金

---

① O. Stuenkel, *The BRICS: Seeking Privileges by Constructing and Running Multilateral Institutions*, Global Summitry Advance Access published July 29, 2016, p. 2.

② M. D. Stephen, Rising powers, global capitalism and liberal global governance: A historical materialist account of the BRICs challenge, "European Journal of International Relations", 2014, Vol. 20 (4), p. 923.

③ C. A. McNally, The challenge of refurbished state capitalism: Implications for the global political economic order, DMS-Der modern Staat 6 (1), - Zeitschrift für Public Policy, Recht und Management, 6. Jg., Heft 1/2013, pp. 37–40.

砖国家的本质被认为是全球化的一部分经济自由化，但这个自由化是以国家具有重要地位并为国家活动寻求各种平台为前提的（例如，不同文明之间的对话和可持续发展）。它指出金砖国家并非对抗霸权的力量，而是提高半边缘化国家地位的工具，并接受资本主义的全球化。① 相反，文明领域强调金砖国家集团代表了世界文明的融合。巴西是拉丁美洲文明的代表，俄罗斯代表了俄罗斯文明，印度代表了印度教文明，中国代表了儒家和佛教文化，南非代表了非洲文明。尽管他们中的每种文明都曾与西方文明有过接触，但他们都不认同西方文明。②

目前已有的解释也没有对揭示政治的描述给予足够重视，并且地缘政治诉求对于地缘经济而言是不可缺少的。从历史的角度来说，资本主义是经济、社会政治和由个人主义占主导地位的意识形态体系，以及西方文明创造的生产资料私有制。③ 金砖国家集团是由非西方国家组成的，强调国家的作用在于塑造多维度的社会发展，其目的是为全球社会发展创造政治和经济条件。这使得这一集团与其他旨在稳定全球经济的团体区分开来，如七国集团是针对 1971 年美元

---

① see：BRICS, An Anti-capitalist Critique, P. Bond, A. Gracia (Ed.), Pluto Press, London 2015.

② В. Г. Хорос, О цивилизационной совместимости в рамках БРИК, (in:) БРИК: предпосылки сближения и перспективы взаимодействия. Сборник докладов конференции, ИЛА РАН, Москва2010.

③ Peter L. Berger, The Capitalist Revolution：Fifty Propositions about Prosperity, Equality, and Liberty, Oficyna Naukowa, Warsaw 1995, pp. 50 – 51.

贬值而形成的,二十国集团针对的是 2008 年的经济危机。①

◆ 四、金砖国家——"自我存在"转向 ◆

有关西方危机的讨论和非西方国家对未来国际秩序的塑造都在进行中。关于它们有如下不同的描述:全球南方、新兴国家、新兴市场、发展中国家或是半边缘化国家。② 这个文明的主要矛盾不是北半球和南半球之间的矛盾,而是社会运转范式之间的矛盾:是自由(个人主义)为先还是集体(团结一致)在上。特里·伊格尔顿(Terry Eagleton)指出,如果自由主义与文化竞争就像团结南北双方的斗争一样,那很难去找到一个合适的解释来说明伊斯兰自由主义为何要拒绝美国基督教原教旨主义,以及印度教社会主义为何要反对欧洲种族主义。虽然北方没有垄断启蒙运动产生的价值观,但是不管怎样,它的居住者依然认为北方沉浸在自负自满的情绪中。③ 这种情况下所面临的困境便是:全球化或是缺乏全球化应当被延续或是否定当下全球化而取而代之。

金砖国家在俄罗斯乌法举行了第七次题为"金砖国家伙伴关系——全球发展的强有力因素"的峰会,从这次会议的成果中,我

---

① H. Ying, *BRICS: A New Cooperation Model on the Horizon* (in:) *Laying the BRICS of a New Global Order*……, s. 53.

② R. Kiely, *The BRICs, US 'Decline' and Global Transformations* (International Political Economy Series), Palgrave 2015, pp. 16 – 30.

③ T. Eagleton, *The Idea of Culture*, MUZA S. A., Warsaw 2012, pp. 93 – 94.

们可以感受到这个组织想传递出的辩证观点。根据第一次金砖国家经济合作的联合策略，我们可以看出这个集团被定义为"成员国（巴西、俄罗斯、印度、中国和南非）之间对话和合作的平台，并一起为全球30%的陆地、43%的世界总人口、17.3%的全球商品贸易、12.7%的全球贸易和45%的全球农业生产负责"。这个平台旨在我们这个多极化、相互依存的全球范围内促进世界的和平、安全、繁荣和发展。金砖国家集团连接了亚洲、非洲、欧洲和拉丁美洲，为这些国家提供了一个洲际间极有价值的思考维度。[1] 在过去的十年里，金砖国家促进了超过50%的全球经济增长。因此，参与全球化有助于提升经济发展潜力。在金砖国家集团的倡导下，建立了新开发银行和应急储备基金两个新机构，意义重大，这是200多年以来第一次没有发达的西方国家参与而建立的全球机构。然而，金砖国家集团的进步发展需要从"促进"走向"引进"，但同时这个集团也需要从"自我存在"转向"自我发展"的范式，因此执行者可以通过寻求新全球化的范式来体现这些转变的重要性和带来的美好愿景。[2] 金砖国家的梦想必须包含广泛的内容，而不是针对某些特定的内容开展。[3] 它们应该思考能够为全世界超过70亿的人口做些什么，而不仅仅是服务于那些"黄金亿万富翁"。这一点无疑是使金砖国家梦

---

[1] *THE STRATEGY FOR BRICS ECONOMIC PARTNERSHIP*, p. 3, http://brics2015.ru/documents/ (11.07.2015).

[2] Articles In Chapter 7 *SUSTAINABLE INCLUSIVE DEVELOPMENT—NEED FOR A BRICS-DEVELOPED PARADIGM* (In:), *VII BRICS Academic Forum*, Ed. by Georgy Toloraya, National Committee on BRICS Research-Moscow 2015, pp. 267 - 302.

[3] After all, the name BRIC has emerged as an idea created by a financial institution (Goldman Sachs) for the dream of the profits of transnational corporations. See: *The World and the BRICs' Dream*, *Goldman Sachs Group*, New York 2006.

想不成为一个"短暂现象"的条件。①

金砖国家的领导人表明了这样一个需求。中国国家主席习近平在第47届达沃斯世界经济论坛题为"领导力：应势而为，勇于担当"的年会发言中曾呼吁经济全球化延续的必要，否定了一些阻碍经济发展的因素：造成2008年金融危机爆发的金融资本转移、军事干涉主义导致的更多失败国家的出现和现代欧洲移民危机。② 中国观念由于受到普遍主义的影响，希望促进一种合作共赢的新型国际关系的建立。普京总统在题为"给俄罗斯议会的致辞"演讲中强调俄罗斯倡导所有国家发展的理念，反对特立独行的意识形态。③ 印度总理纳伦德拉·莫迪也指出发达国家实施贸易保护主义的危险性，这会导致新的发展障碍产生。④ 这类现象的新例子如欧盟的发达成员国推行加速发展理念导致波兰在内的贫穷国家越发贫困。⑤ 金砖国家集团主席K·V. 卡玛斯（K V Kamath）强调新型全球化意味着国家在选择哪种方法参与市场进程时具有决定性作用。⑥ 因此，发展必须是有组织的、自主的而不是机械的发展，这样可以调整那些强国强加给弱国的规则。

---

① see: I. Wallerstein, *Whose Interests are Served by the BRICS*?, *Commentary* No. 352, May 1, 2013, http://iwallerstein.com/interests-served-brics/ (10.01.2017).

② Chinese president to defend globalization in Davos, http://www.reuters.com/article/us-davos-meeting-china-idUSKBN151006 (18.01.2017).

③ Послание Президента Федеральному Собранию, 1 декабря 2016 года, http://www.kremlin.ru/events/president/news/53379.

④ *The end of Davos man: West-led globalisation has reached its limits*, new champions for it are needed February 7, 2017, http://blogs.timesofindia.indiatimes.com/toi-edit-page/the-end-of-davos-man-west-led-globalisation-has-reached-its-limits-new-champions-for-it-are-needed/.

⑤ This idea was announced in early March 2017 by the leaders of France, Spain, Germany and Italy.

⑥ http://ndb.int/Globalisation-set-for-new-normal-India-in-sweet-spot-Kamath.php.

五、全球化的新范式

金砖国家集团的成员国在遵守开放、务实和团结的原则下，强调其项目发展过程中成员国之间的合作是无阻碍的。金砖国家的范式纲要在其声明中有明文陈述。从成立之初，这个集团就认识到和平、安全与发展这三者联系在一起的重要性，如《三亚宣言》《新德里宣言》《德班宣言》和《福塔雷萨声明》。① 这种范式需要结晶成果。

金砖国家范式的基础是让所有人相信每个人都有生存的权利，文化发展和追求幸福的信仰使人们的生活变得有意义。未来的愿景包含以下四个愿望：

1. 保护我们赖以生存的环境免受破坏；

2. 通过公平分配社会生产的商品，帮助数以百万计的人们免受极贫和饥饿之苦；

3. 希望各民族和平和谐共处；

4. 尽力去保护人类在过去的几千年所创造的文化产品，让现在活着的人通过有意义的付出来对这些文化加以丰富，然后传递给下一代。②

这种想法在金砖国家的态度中日益显著。在第 31 次联合国人权

---

① http：//nkibrics. ru/pages/summit-docs (10. 11. 2016).

② A. Nowicki, *Changing the direction of development as a conditon of survival in a XXI century* (in：) *Moral challenges in the twenty-first century*, Warsaw 2000, pp. 73-82.

理事会联席会议上（2016 年 2—3 月），确认了引入发展的权利作为可持续发展项目的核心理念，这个项目将在 2030 年以前完成。发展是消除贫困的基础，而贫困是引发全世界冲突的主要原因。社会发展的价值论基础是拥有尊严、拥有自由和人类权利的全面实现。消除贫困是一个先决条件，实现可持续发展的主要目标就在于推动社会进步、保护正义和加强生态文明的根基。在这个过程中，主权发展的权利和摒弃通用模式是根本基础。国与国之间的发展水平、民族特征和历史都截然不同。① 经济、社会和文化的权利应该高于政治和公民权利；实现第一个经济领域的权利是其他几个领域的权利得以实现的前提条件。这意味着对普遍主义理念的否定和人类权利的不可分割，并且这其中首要的是对于正式政治权利的主导地位有着特定的视野。

出于这个理由，我们应当注意国内生产总值并不能反映经济发展的真实情况。GDP 可以在增长的同时，消耗社会资源，减少国家财富和减少税收收入。全球 15%—20% 的 GDP 是被浪费了的，这些 GDP 不能为人类提供任何有用的价值，除了作为计算利润时的数值。② 因此，这个新范式要求金砖国家集团在运用新发展指数基础之上开发另外一种记录方式。除了人类发展指数、集成成功指数之外，还应包含以下数据：（1）国内生产总值（人均 GDP）；（2）整体生活满意相关的主观幸福感，这其中包括社会服务的标准和对于未来前

---

① Право наразвитие является ключевым аспектом Программы устойчивого развития до2030 года-заявление БРИКС, "Агентство Синьхуа", 01/03/2016, http：//russian. people. com. cn/n3/2016/0301/c31520 - 9023554 - 2. html（12. 09. 2016）.

② E. Polak, *Globalization and socio-economic diversity*, Difin Publisher, Warsaw 2009, pp. 129 - 130.

景繁荣的预测;(3)评估状态的自然环境;(4)评估自由时间,并用文化理念将其丰富。① 把经济数据放在一个特定社会和文明的背景下,社会发展的内容被当做一个整体看待是可以的。

社会的发展只有通过人与资本之间相互作用才有可能实现。在金砖国家所做的工作中,思想融合是通过同一时期发展商务论坛和工会论坛来完成的,这样做的好处就是可以从各个方面来进行经济增长分析。这份曾被写入乌法会议官方文件的工会声明指出,新自由主义的全球化导致了工作岗位的减少和地球生态系统的消除。我们应当注意这种不平衡的比例,例如在2014年地球上1%的人口拥有世界上48%的财富。因而,新自由主义的神话被认为在经济规律中具有天然的不平等性,强调政治对于公共利益卓越地位的有利作用,使得经济发展符合社会需求。所以,增加对实际生产的投资是有必要的。投资应当用来创造体面的工作岗位和支付更高的工资,建设与健康、教育、科学技术和研发相关的基础设施,通过职业培训和技能发展来实现这些目标。② 因此,金砖国家集团倡导了一个三方代表制的模式——用于调解工人的利益、雇主和促进共同利益的政府三方间的问题。根据第三次工业革命的条款,工人、雇主和政府这三方的利益是这个新范式的重要内容。③ 发展意味着采用新形式的统一私有制和生产资料的社会化。全球生产资料私有制应当通过定期评估来实现国家、联合国和二十国集团制定的目标。工作的对

---

① See: G. W. Kolodko, Wandering World, Warsaw 2008, p. 270.
② *Ufa Declaration* of the IVth Trade Union Forum of BRICS countries Adopted on July 9, 2015 in Ufa, Russian Federation, p. 1. (11.07.2015)
③ Ibidem, s. 4.

象化会导致危机爆发。英国脱欧和通过给企业直接施加压力来恢复工作的唐纳德·特朗普竞选美国总统，这两个例子就是这句话的佐证。

金砖国家倾向于联合多国进行经济合作来集中精力发展生产力，提升质量和进行创新，而不是投入在人为资本，这是与贸易保护主义的政策背道而驰的。金融危机的发生使全球化背景下的符号文化被异化了，社会运作的目的需要重新评估。首先，放弃的利润最大化原则有利于利润优化，而这个这个优化原则是被需要的。第一个人类社会生存需绝对化的纬度就是经济活动。然而，优化原则准许我们也更新人类存在的其他方面。它指出有些经济界限必须满足人文价值观的发展。这样的话，无限线性动量的量变可以被抑制，用一个质变来取而代之。综上所述，这表明努力减少男性工作的这一改变，释放出人类包括政治活动在内的活动的新空间。这样做旨在加强金砖国家成员国之间的公民社会的合作和文化交流，例如办一个电影节，在很多方面可以借鉴欧盟的经验。

开放和包容在金砖国家峰会内容中是有体现的。每次峰会的东道主召集各个国家的代表从区域内（推广公式）寻找一个机会来替代西方控制的机构。如今，这一趋势正在转变成金砖国家+公式。新开发银行也向联合国成员国开放。在亚洲基础设施投资银行，虽然决定性投票属于中国，但是印度和俄罗斯可以在场并对同时发生的执行方式做出反映。值得强调的是，不像美国在世界银行和国际货币基金组织中的地位，中国没有授予他们否决的权利。英国和其他西方国家用不一样的方式证明了他们对此的认可，事实上，第一批亚洲基础设施投资银行的项目是由世界银行、亚洲开发银行、英国国际发展部和欧洲复兴开发银行共同出资建设的。在《果阿声明》中我们可以看到，其在对于解决问题这个方面的态度是非对抗性的，北约所起的作用是强调解决阿富汗的安全问题。① 形成全球化的新范式允许我们越过已经减少的固定思维来区分"西方 VS. 其他国家"的论证，世界各国间经济上的相互依存使得这样的叙述是与历史无关的。与此同时，金砖国家集团在提升自己的影响力之前不能提出要对现行的国际秩序负责，因为这样不仅是对金砖五国利益的无视，还是对一般发展中国家利益的无视。当国际社会的正式成员认为他们的地位被排除在决策制定之外时，这种国际秩序正在瓦解中。当今世界的现实情况是西方国家需要其余的国家和地区。因此，现在是我们克服"我们 VS. 他们"的综合征的时候了。②

总而言之，单核心的全球化范式基于利益损失的原则。作为矛盾的来源，这种范式导致了文化危机的发生。当全球化的巨大危机导致垄断主义的衰败时，2008 年催化了这一危机的升华。我们知道，西方国家自 16 世纪以来就从军事、政治（民主）、经济（自由市场）、科学（技术）和思想（现代主义）方面拖延了整个世界发展的历史进程。全球化不再是西方化。作为对这一危机的有力回应，金砖国家通过将"自我存在"转向"自我发展"，力求形成全球化的一个新范式。

---

① Goa Declaration at 8th BRICS Summit October 16, 2016, point 16, http://www.mea.gov.in/bilateral-documents.htm?dtl/27491/Goa+Declaration+at+8th+BRICS+Summit (12.02.2017).

② H. H. S. Viswanathan, *Building a Fair World Order* (In:) VII BRICS Academic Forum, Ed. by Georgy Toloraya, *National Committee on BRICS Research*-Moscow 2015, p. 22.

发展新模式应当具有使不同的执行者遵守的根本规定,认同并尊重他们的共同利益,从而才能保持与双赢原则一致。这一点表现为查尔斯·汉迪(Charles Handy)认为"中国契约"来源于"道德妥协"。我们必须找到一个能够证明双方都会愿意做出个人让步的共同有利条件,如果我们想我们的关系能够在中国模式的基础上形成自我调节的约定。[1] 她的这一基础是为了修复经济政治领域的道德,反对基于自由主义化的个人主义者的观念形成的合同文化。[2] 全球化的新范式的基础价值观是:发展、安全与和平。这个发展是不仅局限于经济增长的多维度发展,还要考虑不同社会群体的需求。进行发展的前提条件是国际安全。任何一个国家、组织和地区是不能独立专断地编撰国际安全的重要议题的,并且整个国际社会处于一个封闭系列的价值观念和标准的形势下。在新兴多极化世界,安全是不同的执行者在考虑所有参与者的利益下形成的关系的结果。这个条件是为了协调全球治理不同执行者的利益,并且这种协调是必须的。其中一些执行者的安全不应成为另一些执行者的危险。在这种情况下,国际和平就变成全世界各个国家之间相互保证安全的条件。

全球化的新范式的实施将有助于建立一个开放的社会,但是与

---

[1] Ch. Handy, *The Age of Paradox*, Warsaw 1996, p. 53.

[2] This methodological deficiency was noticed in theoretical reflection by communitarianism (Michael Walzer, Mervyn Frost, Thierry Nardin, Robert Jackson) stressing that no way of life should be regarded as merely competent, and no culture or the state should impose the normative foundations of world order. Universal principles of justice do not exist, but international ethics cannot ignore the fact that countries differ in terms of strength and opportunities, and thus obligations as well. This way morality makes an indelible component of international relations. See J. Czaputowicz, *Thoeries of international relations. Criticism and systematization*, Warsaw, p. 407.

某一种文明下的特定价值观不同的是,① 现在的全球化有机会获得普遍的内容。只要制度更加规范,更多地参与政治活动,并且提升和传播社会发展的内容,金砖国家集团实施全球化的新范式是有可能的。

---

① See: The concept of Karl Popper about liberal, western values as a universal norm for globalization. K. Popper, *Open Society and Its Enemies*, Routledge, London 1945.

金砖国家集团参与全球贸易治理的机遇与挑战[*]

席桂桂[**]

从 2006 年 9 月金砖四国外长在联合国大会上首次碰面，到 2009 年 6 月金砖四国在俄罗斯叶卡捷琳堡举行首次首脑峰会，金砖国家合作机制诞生至今已近十年。金砖机制诞生的过程，正是全球治理体系进行重大变革的过程。金砖国家就一系列国际热点问题和全球性问题达成广泛政治共识，并积极推动全球经济治理向更为公平合理的方向演进，金砖国家作为一个全球经济治理主体初现端倪。在国际贸易领域，中国已经成为仅次于美国的世界第二大经济体，中国和印度作为全球人口最多的两个国家，有着广阔的市场潜力。随着俄罗斯加入 WTO，金砖五国作为 WTO 的成员国在世界贸易规则谈判中越来越重视集体的力量，发出集体的声音。本文将金砖国家参与全球治理作为一种研究对象，探讨金砖治理体系这一新兴的全

---

[*] 本文是四川外国语大学青年科研项目"'一带一路'战略下中国对中东阿拉伯国家经济外交研究"的阶段性成果。在资料收集过程中，四川外国语大学国际关系学院 2015 级聂巧仪、刘家玮两位同学做了细致的工作，在此一并表示感谢。

[**] 席桂桂，法学博士，四川外国语大学国际关系学院副教授，联合国与可持续发展问题研究中心副主任，研究方向为经济外交和可持续发展问题。

球治理领域的现状,分析这一现象出现的原因,并进一步探讨金砖国家作为一个治理集团如何克服挑战,强化国际贸易治理领域的务实合作。

◆ 一、金砖贸易集团的兴起 ◆

20世纪以来,国际体系变迁不仅见证了西方霸权的衰落、亚洲的崛起,国际治理体系也经历了从霸权国通过制度治理,到霸权国建立国际机制后,国际组织(如联合国)成为有一定自主性的独立行为体,实施全球治理。2007—2008年国际金融危机后,中国与新兴经济体的崛起使美国和其他西方发达国家在全球经济中的地位开始动摇。美国相对实力下降,西方经济治理体系如七国集团(G7)逐渐因代表性不足而被覆盖面更广的20国集团(G20)取代,新兴经济体如中国、俄罗斯、巴西、印度和南非组建了金砖国家集团(BRICS),国际治理体系有向集团式治理发展的趋势。

2013年,新兴经济体在全球经济增长中的贡献超过50%。《新兴经济体发展2016年度报告》数据显示,新兴经济体国家(E11)在全球的经济比重由2014年的29.3%上升为2015年的30.3%,对全球经济增长的贡献为52.9%,远大于G7国家的22.9%和欧盟国家的12.2%。[①]

[①] "新兴经济体对全球经济增长贡献度为52.9%",《中国青年报》2016年3月23日,第3版。

新兴市场国家兴起，并积极参与到全球经济治理改革进程中。[1] 2010年国际货币基金组织理事会在部长级会议上批准新的配额和表决权分配系统，提出了把超6%的份额转移给有活力的新兴经济体和发展中国家的方案。[2] 由五个新兴发展中大国组成的金砖国家之间的合作就是新形势下南南合作的代表，并被国际社会寄予厚望。有西方学者指出，金砖合作是一次"和命运的约会"（tryst with destiny），[3] 是第三世界国家团结谋发展和参与全球治理的典范。

金砖国家积极推动全球经济治理向更为公平合理的方向演进。在金融领域，金砖五国领导人共同签署协议，同意成立初始资本金500亿美元的新发展银行，同时签署通过了规模1000亿美元的应急储备基金，新发展银行和应急储备基金被认为是"金砖版"的世界银行（WB）和国际货币基金（IMF），它们被视为新兴国家向西方国家建立的全球金融秩序发起的挑战。

在2014年7月举行的金砖国家第六届巴西福塔莱萨领导人峰会上，金砖国家一致认为"基于以往国际力量格局形成的全球治理架构逐渐失去其合法性与有效性"，敦促改革现行全球治理机制，推动"建设和平、稳定、繁荣的世界"。[4] 在2015年7月金砖国家领导人俄罗斯乌法峰会上，习近平主席提出"四大伙伴关系"主张——构建维护世界和平的伙伴关系，构建促进共同发展的伙伴关系，构建

---

[1] Sebastian Mallaby, "Can the BRICs Take the IMF?", *Foreign Affairs*, June 9, 2011.
[2] 卢静："后金融危机时期金砖国家合作战略探析"，《国际展望》2013年第6期。
[3] Joseph Ingram and Daniel Poon, "Brics: A New International Economic Order", The North-south Institute, March 22, 2013, http://www.nsi-ins.ca/newsroom/brics-a-new-international-economic-order/, "Tryst with Destiny" 来自1947年8月14日尼赫鲁在印度独立日前夜的演讲《我们和命运有个约会》（We Made a Tryst with Destiny）。
[4] "金砖国家领导人第六次会晤福塔莱萨宣言"，《人民日报》2014年7月17日，第2版。

弘扬多元文明的伙伴关系，构建加强全球经济治理的伙伴关系，指明了金砖国家的定位、使命和影响。

金砖国家就一系列国际热点问题和全球性问题达成广泛政治共识，包括在2015年后发展议程、气候变化谈判、国际货币基金组织改革等全球性议题上发挥积极的建设性作用。[①] 但很少提到金砖机制在全球贸易治理领域，特别是在世界贸易组织（WTO）框架内进行协调。考虑到金砖国家各自的经济总量以及作为一个集团在全球生产总值中所占的比重，甚或金砖集团作为个体和集体，在全球贸易领域的重要影响力，考察金砖国家参与全球贸易治理的现状和前景，对于金砖国家完善全球治理机制，强化金砖国家务实合作，有着重要的意义。

金砖国家集团（BRICS）作为一个治理集团，正在崛起并积极参与全球治理，反映了全球治理主体的多元性趋势。金砖国家机制既是新兴经济体参与全球经济治理的平台，也是发展中国家参与全球治理的平台。金砖五国与广大发展中国家在发展目标上存在共通之处，都要利用国内国际两种资源、两个市场，实现本国产业升级和国民经济的可持续发展。这就要求通过参与国际机制为本国经济可持续发展塑造良好的外部环境，积极参与到全球经济一体化过程中。

从2014年巴西福塔莱萨领导人峰会上提出改革现行全球治理机制，到2015年提出通过建立伙伴关系的方式进行全球治理，再到2016年20国集团杭州峰会上，金砖国家领导人同意在G-20框架下就金砖

---

① 钟声："更紧密伙伴，更宽广前景"，《人民日报》2015年7月10日，第21版，http://opinion.people.com.cn/n/2015/0710/c1003-27283787.html。

国家共同关心的全球问题加强协调。金砖国家机制开始有意识地进行全球治理，引领发展中国家推动全球治理加快由"西方治理"向"东西方共同治理"的转变，推动"新全球化"时代的到来。[①]

二、金砖国家集团与世界贸易组织的协调

在高盛（Goldman Sachs）首席经济学家吉姆·奥尼尔（Jim O'Neill）创造出"金砖"（BRIC）这个词指代对未来秩序有潜在的深远的影响的四个新兴经济体后，金砖国家集团逐渐走入全球政治经济视野中。金砖国家领导人开始更为积极地打造金砖国家全球治理平台，在国际贸易领域也有意识地与世界贸易组织就全球贸易治理进行相关的协调。这主要体现在两个方面：第一，通过"部长级会议——领导人峰会"等级化的制度设计，调整金砖国家对 WTO 的立场；第二，通过年度金砖经贸部长公报或者宣言方式，协调金砖国家对 WTO 谈判战略，阐释金砖国家对全球贸易秩序的变革。

金砖国家通过"会议联动"的方式，借助现有的多边会议场合提前会晤沟通，实现外交政策协调，这已经形成一种惯例。金砖机制围绕着金砖国家在彼此身份认同基础上逐步提升政治接触的水平。[②] 金砖国家合作的部长级机制包括金砖国家外长会议、央行行长和财长会议、贸易部长会议在内的八大部长级会议，覆盖教育、科

---

① 何亚非："加强金砖合作推动新全球化到来"，《第一财经日报》2016 年 11 月 3 日，第 A11 版。
② 孙忆、李巍："国际金融安全治理中的金砖路径"，《国际安全研究》2015 年第 6 期，第 57 页。

技、金融等领域。金砖国家外长会议依托于每年9月在纽约联合国总部召开的联合国大会（GA）的间隙磋商；金砖国家财长会议则依托七国集团（G7）以及后来替代G8的二十国集团（G20）会议的间隙召开。金砖国家贸易部长会议则关联WTO部长级会议。2011年4月，第一次贸易部长会议在中国海南省三亚市召开，经贸部长会议开始时每年至少召开两次会议。随着金砖国家首脑峰会的制度建设逐步完善，经贸部长会议更多地服从于首脑会议时间安排。金砖国家贸易部长会议就WTO多边贸易谈判内容进行磋商，协调立场，是历届贸易部长会议的主要议题之一。

表1 2011年以来金砖国家贸易部长会议（截至2017年4月）

时间	地点	会议主题	会议成果	与WTO相关内容
2011年4月13日	中国三亚	一是金融危机后的世界经济形势和各国宏观政策；二是在金砖国家合作机制框架下深化各国经贸合作；三是金砖国家如何在多边合作中维护发展中国家利益	首次金砖国家经贸部长会议发表《三亚宣言》	同意建立联络组，重申对俄罗斯加入WTO的支持；认为金砖国家有必要进一步加强在二十国集团、气候变化谈判、发展合作等多边合作领域中的沟通与协调，更好地维护发展中国家利益

续表

时间	地点	会议主题	会议成果	与 WTO 相关内容
2011 年 12 月 14 日	瑞士日内瓦		《金砖国家贸易部长会议联合公告》	金砖国家集体在 WTO 亮相；反对一切形式的贸易保护主义
2012 年 3 月 28 日	印度新德里	一是审议经贸联络组（CGETI）报告；二是讨论多边议题，包括各国经济发展概况、全球经济形势及对贸易投资的影响、多哈回合谈判现状和前景、金砖国家在二十国集团等多边机制中的合作；三是探讨深化金砖国家经贸合作	《第二次金砖国家经贸部长会议联合新闻稿》	一是已是世贸组织成员的金砖国家部长们对多哈发展回合的僵局深表忧虑，重申充分致力于早日结束多哈回合谈判。二是重申他们高度重视开放、基于规则的多边贸易体系。三是金砖部长表示提高贸易投资便利化水平，努力消除各种贸易投资壁垒，共同推进通关便利化，大力发展电子商务，扩大本币结算范围

续表

时间	地点	会议主题	会议成果	与 WTO 相关内容
2012 年 4 月 19 日	墨西哥巴亚尔塔港	聚焦消除贸易壁垒	《金砖国家贸易部长会议联合公报》	
2013 年 3 月 26 日	南非德班	四项议题：一是审议经贸联络组（CGETI）报告；二是全球经济形势及其对金砖国家贸易投资的影响；三是世贸组织多哈回合谈判以及在多边场合加强贸易投资议题的合作；四是金砖国家与非洲发展伙伴关系	共同发布联合公报和《金砖国家贸易投资合作框架》	一、在全球经济治理改革中发出金砖国家的共同声音，推动建立更加公平合理、稳定有序的国际经济秩序。二、在尊重发展授权、维护已有成果的基础上，部长们指示各国派驻日内瓦的世贸组织大使在各种多边场合讨论的贸易问题上加强和深化相互协调与合作。三、重申联合国贸发会议是联合国系统内从发展角度处理贸易、投资、金融和技术等彼此相关问题的核心机构

续表

时间	地点	会议主题	会议成果	与 WTO 相关内容
2014 年 7 月 14 日	巴西福塔莱萨	围绕全球经济发展形势及其对金砖国家贸易投资的影响、世贸组织多哈回合谈判、深化金砖国家间务实经贸合作等问题进行了深入的交流	共同发表了联合公报和《金砖国家贸易投资便利化行动计划》	一是重申开放和以规则为基础的多边贸易组织的重要性,并强调世贸组织在全球贸易规则制定中的核心作用。二是以发展授权和现有成果为基础结束多哈回合谈判仍是达成促进发展中国家充分融入全球贸易体系目标的中心。三是金砖国家经贸部长表示五国将协调努力,保证世贸组织将通过制订工作计划,在各领域取得平衡、透明、包容和以发展为导向的成果

续表

时间	地点	会议主题	会议成果	与WTO相关内容
2015年7月7日	俄罗斯莫斯科	重点围绕全球经济形势及其对金砖国家贸易投资影响、深化金砖国家经贸务实合作、世贸组织多哈回合谈判等议题进行了深入的交流，达成了广泛共识，为7月8—9日在俄罗斯乌法举行的金砖国家领导人第七次会晤做了经贸方面的准备工作	会议发表了经贸部长联合公报，并就《金砖国家电子商务合作框架》等多项合作倡议达成共识	一是共同反对各种形式的贸易投资保护主义，推动建立更加公平合理的国际经济秩序。二是坚定维护世贸组织所代表的多边贸易体制的权威。三是在世贸组织"后巴厘"谈判中，金砖国家应加强沟通与协调，在尊重授权和历史谈判及成果的基础上，推动尽快完成多哈回合谈判。四是积极推进"巴厘一揽子"协议实施，推动《贸易便利化协定》年底前生效

续表

时间	地点	会议主题	会议成果	与WTO相关内容
2016年10月13日	印度新德里	重点讨论了全球经济形势及其对金砖国家贸易投资的影响、金砖国家多边立场协调、经贸领域务实合作等议题	《金砖国家贸易部长会议公报》	重申对WTO核心的多边贸易体制的支持,强调贸易体系的规则性、透明度及非歧视原则和包容性原则。强调发展授权的优先性。强调优先推进多哈回合剩余议题谈判。呼吁世贸组织成员共同努力,确保第十一届部长级会议及此后取得有力的以发展为导向的成果

资料来源:根据中国商务部、外交部和多伦多大学金砖信息中心的信息整理而成。

金砖国家集团通过制度化的会议设计,力图塑造金砖国家共有身份,阐述金砖国家在国际金融秩序变革或者全球贸易治理中的共同立场,以便实施更具有包容性的全球治理框架。在全球贸易治理领域,金砖国家通过贸易部长联合公告的方式,针对WTO多边贸易框架,阐述基本原则,强调对WTO核心的多边贸易体制的支持,支持WTO在国际政治经济不确定条件下发挥更大的作用,共同反对各种形式的贸易投资保护主义,推动建立更加公平合理的国际经济秩序。强调贸易体系的规则性、透明度及非歧视原则和包容性原则。

强调发展授权的优先性。通过公开阐述对 WTO 改革的立场，体现金砖国家作为倡导者的角色，对国际经济新秩序的建设献言献策，为发展中国家经贸发展代言，推动南南合作更深入发展。

三、金砖国家参与全球贸易治理的机遇

金砖国家参与全球贸易治理存在一系列有利因素，主要表现在三个方面：首先，在国际形势上，西方主导的全球治理体系出现了"治理赤字"，为金砖国家集团发挥治理作用提供了良好的国际背景；其次，在实力对比上，以金砖国家为代表的新兴经济体以其巨大的经济体量，在国际贸易领域中占据重要地位；最后，金砖国家议程设置能力更高，比其他发展中国家具备更多的资源进行全球治理的制度建设。

金砖国家是引领发展中国家推动全球治理新发展的重要力量。2007—2008 年全球金融危机致使美国、欧盟等经济体发展受挫，显示了西方主导的全球治理体系存在的一系列弊端。受经济全球化的影响，发展中国家面临严重的经济发展形势，金砖国家也进入了深刻的经济结构调整和增长方式转型期。

自金融危机以来，世界经济与政治不确定性增加。中国社会科学院世界经济与政治研究所主编的《世界经济黄皮书：2017 年世界经济形势分析与预测》认为 2017 年世界经济走势将继续低迷，指出全球潜在增长率下降，金融市场更加脆弱，美国成为世界经济不稳定的来源，贸易投资增长乏力，收入分配与财富分配越来越不平等，反全球化趋势日益明显。这些因素将抑制世界经济强劲、可持续、

平衡和包容增长。同时，地缘政治风险、难民危机、大国政治周期、恐怖主义等问题也在影响世界经济的稳定与发展。

金砖国家是全球贸易领域重要的经济体，是新兴经济体变革国际体系的代表性力量。《金砖国家贸易报告（2014）》显示，金砖国家对外进出口总额自1994年开始除个别年份外，呈现一路上升的趋势，由1994年的5920.77亿美元飙升至2013年的75529.99亿美元，涨幅高达12.76倍。2011年金砖国家之间的贸易总额超过3200亿美元，达到了十年前的6倍。① 2013年，金砖国家之间的贸易规模总计达3500亿美元，约占全球总贸易额的一半。预计在2015年实现贸易规模达5000亿美元。② 根据WTO和世界银行相关数据推算出，2015年金砖国家之间贸易总额达6057亿美元。

表2　2015年金砖五国的GDP总量及对外贸易情况

	GDP总量（现价）（亿美元）	占全球GDP总量的比重（%）	商品和服务进出口总额（亿美元）	商品和服务进出口总额占全球进出口的比重（%）	金砖集团内部货物和服务贸易所占本国进出口总额的比重（%）	金砖国家之间贸易额（亿美元）
全球	741520	100	160 047.54	100		

---

① "金砖国家间贸易总额超3200亿美元"，《人民日报》2012年12月6日，第22版。

② "金砖国家领导人第六次会晤福塔莱萨宣言"，《人民日报》2014年7月17日，第2版。

续表

	GDP总量（现价）（亿美元）	占全球GDP总量的比重（%）	商品和服务进出口总额（亿美元）	商品和服务进出口总额占全球进出口的比重（%）	金砖集团内部货物和服务贸易所占本国进出口总额的比重（%）	金砖国家之间贸易额（亿美元）
金砖五国	163 535.25	22.05	70055.42	43.77	55.5	6057
中国	108664.44	14.65	47087.06	29.42	无数据	无数据
印度	20 735.43	2.80	9366.37	5.85	20.4	1911
俄罗斯	13 260.15	1.79	6722.88	4.20	27.5	1849
巴西	17 747.25	2.39	4718.42	2.95	36.5	1722
南非	3 127.98	0.42	2160.69	1.35	26.6	575

资料来源：根据世界贸易组织 Trade Profiles 数据库以及 World Trade Statistical Review 2016 整理。

金砖国家机制可有效弥补发展中国家国际贸易谈判议题设置能力弱的问题。发展中国家长期处在全球治理领域的边缘地带，囿于经济发展水平低，在全球治理平台几乎处在"失声"状态。随着民族意识的觉醒，加之国内经济发展的急迫性，发展中国家曾在联合国平台积极谋求经济发展的良好国际环境。1973年、1974年联合国大会曾特别召开两次特别联大，讨论国际经济新秩序和国际政治新秩序的建立问题。WTO取代关贸总协定（GATT）成立后，以发展为主旨的多哈回合谈判屡屡受挫。金砖国家作为发展中国家谋求发展权的平台，具有倡导国际议程的实力和资源，同时金砖国家在塑造国际秩序向更为民主化方向发展时，也有动力和热情，金砖机制具备成为发展中国家参与全球贸易治理的倡导者的可行性。

◆ 四、金砖国家参与全球贸易治理的挑战 ◆

金砖国家参与全球治理的挑战主要来自两个方面：一个挑战来自于身份认同，特别是金砖五国如何克服集体行动的困境，在国际贸易治理领域用一个声音说话；另一个挑战来自于金砖国家内部发展的不平衡性，这种不平衡性一方面制约了金砖国家自身的发展，另一方面也导致金砖国家在实施共同的贸易目标时存在龃龉的情况。

学界普遍认为金砖国家机制更像是一个因共同的利益而组合起来的"集团"，金砖五国经济结构和经济发展水平多样，作为一个集团，参与全球治理的能力比较低，金砖国家的贸易治理主张更多地体现的是中国对国际体系变革的战略和思想，更多地反映的是现实主义学者的观点。实际上，尽管实力因素在金砖集团对外关系设计中占有很大比重，但金砖国家并不是中国的附属品，正如印度政府前首席经济顾问迪帕·纳亚（Deepak Nayyar）所认为的，中国在金砖国家崛起中发挥着重要作用，但是作为一个政治集团，金砖国家制度在应对经济实力不平衡时，远胜于中国本身的力量。①

---

① Deepak Nayyar, "BRICS, developing countries and global governance", *Third World Quarterly*, 37: 4, 2016, p. 583.

受制于自身的发展水平和世界经济体系中的地位，发展中国家在爆发了金融危机后呈现出更令人担忧的经济困境。前世界银行高级副行长兼首席经济学家林毅夫在《金融危机对发展中国家的影响》中指出，金融危机不仅使发展中国家出口减少，还使其能够获得的投资减少。另外，石油等矿产资源的价格会下跌，由此导致资源密集型国家的收入降低。① 联合国经济和社会事务部于 2017 年 1 月 17 日在纽约总部发布的《2017 年世界经济形势与展望》报告指出，2016 年 2.2% 的世界经济增速是自 2009 年以来最低的增速。全球贸易量在 2016 年只增长了 1.2%，处于历史较低水平；投资增长在许多主要发达国家和发展中国家都明显放缓。

2017 年 1 月 16 日国际货币基金组织（IMF）发布的《2017 年世界经济展望报告》中指出，在经历了 2016 年的低迷不振之后，2017 年和 2018 年的经济活动预计将加快，特别是在新兴市场和发展中经济体。然而，鉴于美国新政府政策态势的不确定性及其可能产生的全球影响，经济预测可能出现差异很大的结果。新兴市场和发展中经济体的增长前景略有恶化，金融环境普遍收紧。中国的近期增长前景因预计实施的财政刺激而上调，但其他一些大型经济体（特别是印度、巴西和墨西哥）前景被下调。②

就金砖国家而言，经济发展两极分化。受全球经济复苏缓慢和大宗商品价格下跌的影响，IMF 预计 2016 年除中国和印度仍能保持

---

① 林毅夫："金融危机对发展中国家的影响"，《上海经济》2008 年第 12 期，第 18—19 页。
② IMF："世界经济展望最新预测"，2017 年 1 月 17 日，http://www.imf.org/en/Publications/WEO/Issues/2016/12/27/A-Shifting-Global-Economic-Landscape。

相对较高增速外,俄罗斯和巴西 2016 年经济将分别萎缩 0.8% 和 3.3%。①

表3　2014—2018 世界经济增长趋势（单位:%）

	2014 年	2015 年	2016 年	2017 年	2018 年
新兴市场和发展中经济体	4.6	4.1	4.1	4.5	4.8
俄罗斯	0.6	-3.7	-0.6	1.1	1.2
中国	7.3	6.9	6.7	6.5	6.0
印度	7.3	7.6	6.6	7.2	7.7
巴西	0.1	-3.8	-3.5	0.2	1.5
南非	1.5	1.3	0.3	0.8	1.6

注：2017 年和 2018 年为预测值。

资料来源：IMF:《世界经济展望》，其中：2014 年的数据取自 2016 年的报告，2015—2018 年的数据取自 2017 年 1 月的报告。

中国经济进入结构调整的"新常态"，通过创新导向型经济发展和持续政策支持，中国的经济增长略高于预期。但是中国国内仍面临着一系列的经济发展困境。首先，欧美市场的经济衰退导致外部需求急剧下滑，而对于中国长期形成的出口导向型经济来说，出口增长的下降必然造成经济增长下滑，居民消费不足，进而对中国国内经济造成负面影响。其次，中国国内通货膨胀现象愈演愈烈。资产泡沫的出现，尤其是在房地产业，房价迅速上涨，给老百姓带来

---

① 梁艳芬："2016—2017 年世界经济贸易形势及相关问题"，《对外经贸实务》2016 年第 12 期，第 4—8 页。

了不小的压力。① 此外，中国经济不仅受到国际复杂经济形势的外在冲击，还受到国内拉动经济增长动力失衡的内在制约；其产业结构的不平衡与区域收入差距拉大带来的结构性障碍对于经济增长有所制约。②

　　印度是世界主要经济体中增速最快的国家，不过其国内的经济发展困境仍不容小觑。从产业运行方面来看，2007 年下半年爆发了美国次贷危机，随之而来的是全球流动性下降和需求减少，工业生产首当其冲地受到影响。在过去五年中，印度服务业的增速基本保持平稳，比进入危机前略有下降，而工业则受危机影响波动幅度较大，特别是制造业增长乏力，信贷紧张、出口市场萎靡、原材料价格上涨都是导致制造业增长乏力的直接原因。正是制造业的增长不利拖累了印度整个经济的增长。从宏观经济的角度来看，出口需求和投资需求下降，仅靠政府刺激性政策增长难以为继。政府对于不断扩大的双赤字也感到头痛不已。另外，通胀压力难解是印度经济偏离长期增长趋势的一个最直接原因。最后，自国际金融危机以来，流入印度的外国投资开始减少，且国内改革难有突破，影响了国内国外对印的投资信心。③ 从国内政治看，来自印度人民党的莫迪上台，表明印度政治日益碎片化和多极化。权力的分散、不负责任的政治反对、永不停歇的政治对抗，导致政府施政政策长期得不到有效执行，政治极易陷入僵局，极大阻碍了印度国家层面的政治和经

---

　　① 梁鹿鸣：" 试析后金融危机时代中国的经济形势及经济政策"，《商情》2011 第 28 期，第 23 页。
　　② 樊士德、沈坤荣：" 中国经济增长的困境与路径选择——学习党的十八大精神"，《江苏社会科学》2013 年第 2 期，第 88—92 页。
　　③ 刘小雪：" 后危机时代印度经济的增长困境"，《南亚研究季刊》2012 年第 3 期。

济发展。①

国际货币基金组织（IMF）则对巴西经济增长预期更为悲观：2016年巴西国内生产总值（GDP）增长率从此前预测的负3.3%进一步下调到负3.5%；2017年GDP增长预期被调高至0.2%；2018年，巴西经济增长1.2%。经济合作与发展组织（经合组织）于2016年11月28日发布报告，认为2017年巴西经济复苏将是一个微弱而渐进的过程，巴西就业形势不会马上改观，预计失业率仍将维持在高位。② 据欧洲新闻台网站报道，2015年，巴西商业投资减少，超过150万人失业，通胀和利率上升，出口价格下跌，全年GDP缩水3.8%，是自20世纪90年代以来的最大年度萎缩。③ 巴西因经济放缓，以总统罗塞夫受到弹劾为代表的贪腐丑闻不断导致的政治秩序失调，社会分化严重，以及资本投资环境恶化等多重问题所造成的政治、社会、经济秩序的混乱，有可能会长期影响巴西经济增长。

南非在政治、经济、社会等方面进一步加剧分化，"非洲新秩序"建立过程中的各种力量较量和争斗、社会生态环境、医疗卫生、族群政治、社会正义等问题已现积重难返之势。④ 相比近年来非洲经济以其充满活力的亮丽表现赢得了世界瞩目，作为非洲经济发展"火车头"的南非则呈现减速态势。目前的南非经济正处于低增长和

---

① 陈金英："政治日益碎片化中的印度人民党"，《中国社会科学报》2014年5月28日，第601期。
② OECD, *Global Interim Economic Outlook*, March 2017, http://www.oecd.org/eco/economicoutlook.htm.
③ "Brazil suffering worst ever recession", Euronews, 07/03/2017, http://www.euronews.com/2017/03/07/brazil-suffering-worst-ever-recession.
④ 周雷："海外治理与金砖方法论——中国在金砖国家等新兴场域的未来战略刍议"，《印度洋经济体研究》2014年第5期，第122页。

努力应对中等收入陷阱的状况。究其国内经济发展出现困境的缘由，是因受到了严重的结构性约束。① 第一，劳动力市场供求结构和总量失衡。世界经济论坛发布的2012/2013年《全球竞争力报告》中指出，南非劳动力市场欠缺灵活性，大量富余劳动力无法通过浮动工资方式向快速发展的经济实体中转移，导致南非劳动力市场效率排名由2011年的113位下降至131位。第二，产业结构发展不平衡。南非产业结构的变动并没有为大量的非熟练劳动力提供就业机会，反而加剧了业已存在的技工短缺问题。第三，支撑经常项目长期赤字的外资结构脆弱。南非经济发展严重依赖出口和外资。受全球经济低迷特别是新兴市场国家经济走低影响，南非出口不振，2012年贸易逆差扩大到99.1亿美元，无疑令南非的经常账户赤字不断扩大。虽然外资对于南非的国际收支平衡发挥着重要影响，但实际上流入南非的外资用于直接投资的比例很少。第四，长期的歧视黑人政策，使得南非白人和黑人收入差距之大列全球之冠。无独有偶，南非的贫富差距问题依然严峻。严重的贫困分化现状抑制着消费需求，进而压抑经济增长，又诱发犯罪、罢工等各种社会问题。总之，诸多结构性约束导致南非经济社会陷入增长的困境。

近年来，俄罗斯由于受国际形势的影响，国内经济发展形势遇到了很大的瓶颈。受2013年底开始的乌克兰危机、美欧等西方国家对俄罗斯经济制裁、卢布下跌等众多不利因素的影响，2014年开始，俄罗斯经济面临严峻挑战，经济艰难前行。首先是石油价格急剧下

---

① 姚桂梅："南非经济发展的成就与挑战"，《学海》2014年第3期，第31—37页。

跌，出口收入锐减。在石油价格不断下跌的过程中提高石油产量和出口量，俄罗斯通过价跌量涨来维持其石油出口收入的愿望并没有实现，2014年俄罗斯石油收入缩水900亿美元。随后欧美对俄罗斯经济制裁不断升级，俄罗斯经济受到重创。俄罗斯能源、银行、军工、技术、外贸等众多企业遭到制裁，制裁措施逐步升级，制裁范围不断扩大，对俄罗斯经济造成严重影响。2014年俄罗斯经济整体下滑，而且本国货币卢布严重贬值，全年贬值50%，成为全球表现最差货币。另外，俄罗斯资本外流严重。欧美一系列经济制裁导致俄罗斯国外市场融资能力受限，俄罗斯金融市场环境恶化，外国投资者对俄罗斯缺乏信心，将大量资本撤离俄罗斯。最后，俄罗斯采取的各种挽救卢布贬值的措施作用有限。即便其政府为了阻止卢布下跌，采取了多种挽救措施，包括进行了多次银行加息和外汇干预措施，但未能改变卢布贬值的趋势。[①]

严峻的国内、国际发展形势，促使金砖国家必须联合自强，克服国内、国际一系列不确定因素带来的负面冲击。

综上所述，库普查（Charles Kupchan）认为当前世界历史进入一个新的转折期，特征是西方的衰落，非西方的崛起。[②]受世界经济发展不平衡规律的影响，全球经济力量失衡的局面在世界金融危机的背景下进一步复杂化，这为金砖国家参与全球治理提供了良好的契机。

[①] 程云洁：《当前俄罗斯经济发展形势及对中俄经贸合作的影响》，《对外经贸实务》2015年第6期，第16—19页。

[②] ［美］查尔斯·库普乾，潘忠岐译：《美国时代的终结——美国外交政策与21世纪的地缘政治》，上海人民出版社2004年版。

全球贸易治理需要金砖国家，要想让国际经济秩序更为包容发展中国家的经济发展，也需要金砖国家机制发挥倡导性的作用。目前金砖国家发展遭遇了一定的挫折，这为金砖国家到底能否克服国内国际重重困难，以一个金砖国家的身份参与世界贸易秩序的塑造，添上了一层不确定性。

金砖国家参与全球治理的未来至少存在两种不同的前景：第一，基于利益形成谈判同盟，根据谈判议题，为共同的利益目的采取适宜的共同行动；第二，金砖机制作为一种想象的共同体，存在共同的威胁和获利感知，并在共有身份塑造上努力，乐于为共同身份进行妥协。从这种情况看，应该不会出现一旦共同的利益目标消失，金砖机制就变成一个空谈场的局面。在WTO领域，金砖国家有共同的谈判目标，坚持WTO基本原则，强调包容性发展和发展授权的优先性。强调要优先推进多哈回合剩余议题谈判。呼吁世贸组织成员共同努力，确保第十一届部长级会议及此后取得有力的以发展为导向的成果。尽管金砖国家内部存在因产业结构近似和面临共同的经济增长方式转型而带来的压力，印度、巴西、中国曾多次在WTO平台动用贸易争端机制处理贸易领域的争端，但是正如基欧汉讨论合作时所强调的，合作不意味着利益不存在冲突，金砖国家机制也不代表金砖国家之间利益天然一致，因此贸易领域的争端不意味着金砖国家不会就诸多多边贸易议题采取共同的合作行动。

金砖五国架构的格局和发展态势，包含着竞争、合作的多重复合博弈，彼此之间因为价值观、国家战略定位、宗教分歧、国内矛盾等方面的不同，很难在一个单一框架下进行合作，金砖五国在聚首时似乎在一个共同体和作框架之下，但实际上这五国都各自举着牌看着各自的对手和"假想敌"。[①] 例如，金砖国家试图强化自己在发展中国家的领导力，将自己打造成南北合作的桥梁，中国政府提出将金砖国家机制打造成南南合作的新样板，为了吸引其他发展中国家参与，创新地提出"金砖＋"的合作形式，这一倡议引发了印度的疑虑，担心这是中国试图引入更多伙伴，稀释包括印度在内的其他国家的影响力。[②]

金砖国家仍然是发展中国家对全球金融体系、国际贸易体系进行变革的引导性力量，拥有巨大的变革力量。然而，金砖国家如若要克服国际贸易治理领域集体行动的难题，有必要建立各方同意的变革路线图，对共同的变革目标有较为清晰的设置，并为了实现国际贸易领域的变革，相互之间做出妥协。总之，金砖国家已经开始在国际治理领域崛起，并有意识地参与到现有国际金融和国际贸易秩序的变革中，但是将金砖国家看成一个具有共同身份的变革者，尚为时过早。

---

① 周雷："海外治理与金砖方法论——中国在金砖国家等新兴场域的未来战略刍议"，《印度洋经济体研究》2014 年第 5 期，第 123 页。
② Saibal Dasgupta, "China's 'Brics Plus' could be a huge minus for India", *the Economic Times*, http://economictimes.indiatimes.com/news/politics-and-nation/chinas-brics-plus-could-be-a-huge-minus-for-india/articleshow/57550832.cms.

金砖国家与外部世界的竞争与合作

朱天祥* 李琛**

金砖四国从最初的投资概念发展到如今五国在峰会机制引领下的全方位、多层次、宽领域合作,不仅"符合新兴市场国家和发展中国家的共同利益,而且有利于建设一个持久和平、共同繁荣的和谐世界"。③ 随着金砖国家整体实力与影响力的不断增强,国际社会也更加迫切地呼吁金砖国家在推动和完善全球治理等问题上发挥应有的作用。因此,金砖国家自始至终都不是一个自我封闭式的集团,而是一个与外部世界高度相互依存的共同体,它"着眼于为人类社会发展以及建设一个更加平等和公正的世界做出重要贡献"。④ 从这个意义上讲,金砖国家必须处理好与外部世界的关系,构建与外部

---

* 朱天祥,博士,四川外国语大学国际关系学院副教授、院长助理,金砖国家研究院对外关系研究所所长,研究方向为金砖国家对外关系、欧盟政治与外交、联合国与可持续发展。
** 李琛,四川外国语大学国际关系学院比较制度学专业硕士研究生。
③ "'金砖四国'领导人叶卡捷琳堡会晤联合声明",2009 年 6 月 16 日,https://www.brics2017.org/hywj/ldrhwwj/201701/t20170125_1346.html。
④ "金砖国家领导人第三次会晤《三亚宣言》",2011 年 4 月 14 日,https://www.brics2017.org/hywj/ldrhwwj/201701/t20170125_1348.html。

世界的良性互动，推动与外部世界的共同体建设。而在此过程中，金砖国家与发达国家、新兴经济体以及其他发展中国家之间的关系甚为重要。① 同时，由于金砖国家对上述三类国家的诉求存在显著差异，金砖国家必须有针对性地提出问题、分析问题、解决问题，以期实现与外部世界各种行为体的合作共赢。

◆ 一、金砖国家与发达国家的权力之争 ◆

2001 年，美国高盛公司首席经济学家吉姆·奥尼尔（Jim O'Neill）首创金砖概念。② 2003 年，高盛公司在题为《与金砖一起梦想：通往 2050 年之路》的报告中更加大胆地预测了金砖国家的崛起。该报告指出，"未来 50 年里，巴西 GDP 的年均增长率为 3.6%。巴西的经济规模将在 2025 年之前超过意大利；在 2031 年之前超过法国；在 2036 年之前超过英国和德国"。中国的 GDP 增长率将在 21 世纪 40 年代中期之前降至 3.5% 左右。但即便如此，"中国也会在 2041 年之前成为世界最大经济体"。"印度的 GDP 增长将在 2032 年

---

① 潘兴明和周鹤认为，金砖国家需要处理和调整的三种重要关系中，除了金砖内部关系外，金砖国家与外部世界的关系主要是指金砖国家与其他发展中国家的南南关系，以及金砖国家与发达国家的南北关系。参见潘兴明、周鹤："三种维度下的金砖国家关系考察"，《俄罗斯研究》2015 年第 5 期，第 112 页。但鉴于新兴经济体与发展中国家在实力基础、国际影响、自身诉求等方面存在的较大差异，本文倾向于将金砖国家与新兴经济体、金砖国家与其他发展中国家之间的关系分开来讨论。与此同时，鉴于美国作为超级大国在国际体系中的特殊地位，本文也会在金砖国家与霸权国、金砖国家与其他发达国家之间的关系上做适度的区分。
② Jim O'Neill, "The World Needs Better Economic BRICs", *Global Economic Paper Series*, 2001.

之前好过日本。""俄罗斯的经济将在 2018 年超过意大利；在 2024 年超过法国；在 2027 年超过英国；在 2028 年超过德国"。① 照此发展，还未到本世纪中叶，全球经济格局就将发生有利于金砖国家的重大变化。更为重要的是，金砖国家不仅正在实现经济上的崛起，而且已经能够"将它们的经济权力转化为国际政治影响力"。② 最终，在 2006 年第 61 届联合国大会期间，金砖四国举行了首次金砖国家外长会晤，揭开了金砖国家合作的序幕。2008 年，金砖四国外长又在俄罗斯叶卡捷琳堡举行会谈，正式决定在国际舞台上开展全面合作。2009 年，首次金砖四国领导人会晤在俄罗斯叶卡捷琳堡举行。2010 年，南非加入金砖国家合作机制，金砖国家由四国变为五国，继而开启了金砖国家合作的新篇章。

由此可见，金砖国家的应运而生本身就是以发达国家作为参照系的，而金砖国家合作的影响也将直接触及到发达国家在国际体系中的既得利益。金砖国家领导人的首次会晤发生在 2009 年，不能说没有外部因素的重大考量。在美国次贷危机引发的全球金融风险背景下，金砖国家领导人首要关注的就是当时的全球经济形势，强调"二十国集团领导人金融峰会在应对金融危机方面发挥了中心作用，峰会有助于促进各国在国际经济和金融领域的合作、政策协调和政治对话"，呼吁"所有国家和相关国际组织积极落实 2009 年 4 月 2 日在伦敦召开的二十国集团领导人金融峰会共识"，并承诺"推动国

---

① Dreaming with BRICs: The Path to 2050, *Global Economics Paper No.* 99, p. 10, http://www.goldmansachs.com/our-thinking/archive/brics-dream.html.
② Pop, Irina. Ionela, "Economic Growth, Trade, And Energy In The Brics: Assessing The Negotiations with The International Organisations", *Societate si Politica*, Vol. 9, No. 2, p. 50.

际金融机构改革，使其体现世界经济形势的变化"。而所谓的变化之一即是，鉴于以金砖国家为代表的新兴市场和发展中国家整体实力的大幅提升，国际社会应当提高这些国家在国际金融机构中的发言权和代表性，甚至应该遵循"公开、透明、择优原则"，使得上述国家的代表能够参与国际金融机构负责人和高级领导层的选举。①众所周知，以国际货币基金组织为代表的国际金融机构乃是欧美主导的国际秩序的重要支柱。在总体权重及领导职数一定的前提下，金砖国家要求增加份额与投票权以及争取更多高位的诉求必定与发达国家维护其主导权的既得利益形成零和博弈和正面冲突。

果不其然，发达国家之前关于在国际货币基金组织改革中向新兴经济体和发展中国家以及代表权过低的国家转移份额的承诺迟迟未能兑现。而金砖国家的态度也从"对国际货币基金组织份额和治理结构改革进展缓慢表示关切"，②升级为"对 2010 年国际货币基金组织（IMF）改革方案无法落实表示失望和严重关切"，③甚至明确表达"对美国迟迟未能批准国际货币基金组织 2010 年改革方案深表失望"。④有鉴于此，金砖国家早在 2012 年就提议组建新的开发银行，2013 年正式决定筹建金砖国家开发银行。该银行于 2014 年正式成立并

---

① "'金砖四国'领导人叶卡捷琳堡会晤联合声明"，2009 年 6 月 16 日，http://www.goldmansachs.com/our-thinking/archive/brics-dream.html。
② "金砖国家领导人第四次会晤《德里宣言》"，2012 年 3 月 29 日，https://www.brics2017.org/hywj/ldrhwwj/201701/t20170125_1349.html；"金砖国家领导人第五次会晤《德班宣言》"，2013 年 2 月 27 日，https://www.brics2017.org/hywj/ldrhwwj/201701/t20170125_1350.html。
③ "金砖国家领导人第六次会晤《福塔莱萨宣言》"，2014 年 7 月 15 日，https://www.brics2017.org/hywj/ldrhwwj/201701/t20170125_1351.html。
④ "金砖国家领导人第七次会晤《乌法宣言》"，2015 年 7 月 9 日，https://www.brics2017.org/hywj/ldrhwwj/201701/t20170125_1352.html。

在 2015 年开门营业。可以说，金砖国家开发银行的发展历程是与金砖国家对发达国家有意拖延或阻碍国际货币金融体系改革的做法环环相扣的，"是在现有全球金融治理体系不能及时做出调整以适应世界经济新格局的时代背景下成立的，是以新兴市场为代表的发展中国家在既有全球金融治理体系改革不利的情况下寻求外围突破的结果"。① 而这反过来似乎又为西方世界的某种看法提供了相应的佐证，即金砖国家的核心议程就是要"反击美欧领导下的西方经济体系"。②

至此，金砖国家与发达国家在国际货币金融体系中的权力竞争看似已经接近白热化的程度。倘若再算上金砖国家与发达国家在国际贸易体系中的市场之争，以及金砖国家在联合国等场合与发达国家关于和平与安全等问题的分歧，那么金砖国家与发达国家之间的关系是否已经陷入了类似的"修昔底德陷阱"，二者的竞争是否会持续恶化以致一方一败涂地或者双方两败俱伤？这不仅是关系到金砖国家与发达国家两方的问题，还会给整个国际体系的稳定与国际社会的发展带来实质性影响。因此，问题的关键在于：金砖国家谋求在国际体系中拥有更大发言权和更多代表性的终极目的何在？是为了挑战并取代发达国家成为新的主导者，继而制造新一轮的南北失衡与矛盾？还是为了通过合理合法的途径与方式在实现自身利益诉求的同时推动南北关系的协调发展，进而促进国际社会的共同进步？

幸运的是，即便金砖国家某些成员在特定情况下倾向于同西方

---

① 潘庆中、李稻葵、冯明："'新开发银行'新在何处——金砖国家开发银行成立的背景、意义与挑战"，《国际经济评论》2015 年第 2 期，第 140 页。
② Tahir Jaweria, "A Comparative Assessment of BRICS and the EU", *Journal of European Studies*, Vol. 32, No. 1, p. 87.

国家进行硬碰硬的对抗，然而更多的成员则基于历史与现实的关联、价值与观念的认同，以及新型大国关系和命运共同体的理念，倡导与发达国家开展互利共赢的合作。即便是在竞争最为显眼的金融领域，金砖国家领导人也早就表示，无论是金砖国家开发银行，还是金砖国家应急储备安排，都是对全球多边和区域性金融机构，甚至对现有国际机制的有益补充。[①] 因此，金砖国家在实践中并未先验地将发达国家作为必然的敌手，也实在没有必要在战略上将自身的发展摆在发达国家利益的对立面。对于发达国家实力相对衰落而引发的心理失衡和战略恐慌，金砖国家要在充分理解和适度调试的基础上，通过对话与合作同发达国家协调利益分配，争取找到一个满足双方共同利益的平衡点，进而推动南北关系的和谐发展。

此外，在金砖国家处理同发达国家关系的问题上，还有必要适度区分作为超级大国的美国与其他发达国家的细微不同。一方面，所有发达国家都在某种程度上是当前国际体系和国际秩序的受益者。当金砖国家主张从发达国家手中转移部分主导权时，金砖国家必然面临同整个发达国家集团的竞争。从实力对比的角度来看，这在此前金砖国家经济持续高速增长的背景下尚且不足以撼动发达国家在既有国际体系中的根基，更不用说目前金砖多个成员的经济颓势对金砖综合实力的负面影响了。这也是笔者主张金砖国家应与发达国家展开柔性竞争的重要原因。[②] 另一方面，尽管发达国家的根本利益

[①] "金砖国家领导人第六次会晤《福塔莱萨宣言》"，2014年7月15日，https://www.brics2017.org/hywj/ldrhwwj/201701/t20170125_1351.html。

[②] 笔者所谓的柔性竞争，是指竞争的领域要有选择，竞争的方式要考虑对方的接受度，竞争的结果也要注意留有余地。

是一致的,然而不同国家的具体诉求则有所差异。以现有的国际货币金融体系为例,不仅金砖国家不满发言权和代表性的缺失与失衡,而且欧盟及其成员国也对美国实质上掌握国际货币基金组织大权的现状颇有看法。为此,金砖国家可以适时寻求同欧洲开展战术合作,共同迫使美国出让更多份额,以便推动国际货币金融体系朝着更加公正合理的方向发展。但同时需要注意的是,欧洲或许愿意借助金砖国家冲击美国主导下的国际体系,但它未必希望金砖国家能够与之平起平坐。如果金砖国家的崛起超过了欧洲或其他发达国家的预期,进而有损它们在国际体系中的优势,那么其他发达国家或许更愿意在战略上与美国保持一致,而美国也会利用这一点离间金砖国家与其他发达国家之间本来就不那么牢固的临时联盟,从而导致金砖国家与发达国家集团内部不同势力之间的竞合出现难以预料的变数。① 对此,金砖国家需要从共同利益的角度出发,伺机而动,合纵连横,在变与不变之中寻求双方共同且持续的发展路径。

◆ 二、金砖国家与新兴经济体的权利之分 ◆

新兴经济体是一个包容性较强的概念,它常被用来"描述在全

---

① 此观点同理于笔者关于中国、欧盟、美国围绕国际货币金融体系改革的相关论述。详情参见 Tianxiang Zhu. Different Versions of Interregionalism and ASEM's Multilateral Utility for Global Governance, in Jianwei Wang and Weiqing Song eds., *China, the European Union and the International Politics of Global Governance*, Palgrave Macmillan, 2016, pp. 163 – 168。

球经济活动中表现令人印象深刻的国家集团"。① 2010 年，新兴经济体 11 国（E11）的概念在博鳌亚洲论坛的年会上首次被提及，具体包括阿根廷、巴西、中国、印度、印度尼西亚、韩国、墨西哥、俄罗斯、沙特阿拉伯、南非、土耳其等国家。② 2011 年，金砖之父奥尼尔再次创造迷雾四国（MIST）的概念，认为墨西哥、印度尼西亚、韩国和土耳其这四个国家的 GDP 均已占到全球总量的 1% 以上，且其规模还会继续增大，最终成为举足轻重的增长型市场，因而迷雾四国与金砖四国一样也应当受到投资者的关注和重视。但即便在特定年份迷雾四国的表现好于金砖，奥尼尔却还是认为"从整体产出和人口规模来看前者仍远达不到后者的水平"。③ 从这个意义上讲，金砖国家可以说是新兴经济体的杰出代表，属于新兴经济体的第一梯队。事实上，金砖国家历来重视同新兴经济体之间的关系。除了一贯支持提高新兴市场在国际金融机构中的发言权和代表性外，金砖国家还特别指出愿意加强同其他国家，特别是新兴国家和发展中国家的联系与合作。④ 而自从《三亚宣言》提出此项主张后，金砖国家领导人在其后的历次宣言中均对此进行了重申并进一步明确了同新兴经济体之间的合作内容与联系方式。对于金砖国家来说，

---

① 李安山："变化世界中的新兴经济体——中国、金砖国家与非洲的未来"，《学术前沿》2014 年第 7 期，第 7 页。该文同时指出，除了新兴经济体 11 国和迷雾四国的提法外，远景五国（Vista 5）、下波 11 国（Next Eleven）、延伸五国（Outreach Five）、六国星座（BRICSAM Constellation）、新兴七国（Emerging 7）、灵猫六国（CIVITS）以及增长的经济体（Growing Economies）等也都是新兴经济体的具体表现。
② 关于新兴经济体的相关界定可参见王宁、史伟明：《博鳌亚洲论坛新兴经济体发展 2009 年度报告》，对外经济贸易大学出版社 2010 年版。
③ 高盛奥尼尔："'迷雾四国'表现远超'金砖四国'"，网易财经综合，2012 年 8 月 8 日，http：//money.163.com/12/0808/08/88CEBV3A00251LK6.html#from=relevant。
④ "金砖国家领导人第三次会晤《三亚宣言》"，2011 年 4 月 14 日，http：//money.163.com/12/0808/08/88CEBV3A00251LK6.html#from=relevant。

其他新兴经济体不再单纯是金砖国家与发达国家之间博弈的旁观者和后备力量，而是逐步成为促进双方互利共赢，推动国际秩序朝着更加公正合理方向发展的重要伙伴。

值得注意的是，虽然金砖国家通常将新兴经济体与发展中国家视为同一类型的伙伴，但是新兴经济体所能扮演的角色和发挥的作用却是其他发展中国家所不能比拟的。如果参考伊曼纽尔·沃勒斯坦（Immanuel Wallerstein）在其世界体系理论中提出的"核心—半边缘—边缘"的分析框架，①那么新兴经济体则更适合被置于半边缘的位置。这意味着新兴经济体具备向中心地带挺进，进而成为核心国家的巨大潜力。以前文提到的迷雾四国为例，根据表1提供的新兴经济体11国在过去十年间GDP增长率的对比数据，②我们可以发现，至少近三年来，墨西哥、印度尼西亚、韩国、土耳其的GDP增长均高于作为金砖国家的巴西、俄罗斯与南非，甚至连阿根廷、沙特阿拉伯等其他新兴经济体的情况在最近的一些年份也都比某些金砖成员要好得多。而这些细微的变化也自然为新兴经济体重新界定其与金砖国家的关系提供了诱因和动力。

表1　2006—2016年E11国家的GDP增长率（单位:%）

	2006	2007	2008	2009	2010	2011	2012	2013	2014	2015	2016
阿根廷	8.0	9.0	4.1	-5.9	10.1	6.0	-1.0	2.4	-2.5	2.5	-1.8
巴西	4.0	6.1	5.1	-0.1	7.5	3.9	1.9	3.0	0.1	-3.8	-3.5

---

① 参见伊曼纽尔·沃勒斯坦：《现代世界体系》第一卷，高等教育出版社1998年版。
② 表1引自"2017年E11经济复苏将稳中向好但仍面临多方面风险和挑战"，《中国经济周刊》2017年3月13日，第63页。

续表

	2006	2007	2008	2009	2010	2011	2012	2013	2014	2015	2016
中国	12.7	14.2	9.6	9.2	10.6	9.5	7.9	7.8	7.3	6.9	6.7
印度	9.3	9.8	3.9	8.5	10.3	6.6	5.6	6.6	72	7.6	6.6
印度尼西亚	5.5	6.3	7.4	4.7	6.4	6.2	6.0	5.6	5.0	4.8	4.9
韩国	5.2	5.5	2.8	0.7	6.5	3.7	2.3	2.9	3.3	2.6	2.7
墨西哥	5.0	3.1	1.4	-4.7	5.1	4.0	4.0	1.4	2.2	2.5	2.2
俄罗斯	8.2	8.5	5.2	-7.8	4.5	4.0	3.5	1.3	0.7	-3.7	-0.6
沙特阿拉伯	2.8	1.8	6.3	-2.1	4.8	10.0	5.4	2.7	3.6	3.5	1.4
南非	5.6	5.4	3.2	-1.5	3.0	3.3	2.2	2.3	1.6	1.3	0.3
土耳其	6.9	4.7	0.7	-4.8	9.2	8.8	2.1	4.2	3.0	4.0	3.3
E11	8.5	9.3	6.1	3.6	8.5	7.1	5.5	5.5	5.1	4.5	4.4

资料来源：国际货币基金组织世界经济展望数据表（IMF-WEO），2016年10月和2017年1月。

前文已经提到，金砖国家堪称新兴经济体中的佼佼者。但这一身份和地位是建立在金砖国家经济持续高速增长且对其他新兴经济体存在明显优势的基础之上的。然而，如今双方的实力对比，尤其是经济增速以及据此预期的发展前景却发生了值得关注的变化。在此背景下，金砖国家还能否成为一般意义上的新兴经济体的代表？其他新兴经济体又是否愿意让金砖国家继续代表自己？这些都是存在潜在不确定性的事项。当然，仅将经济增速作为唯一评判标准显然与事实不符。毕竟金砖国家都是全球和地区层面事实上或潜在的大国，是具有相当政治影响力的国际行为体。金砖合作也不只是事关经贸投资的逐利行为，而是致力于逐步发展"成为就全球经济和政治领域的诸多重大问题进行日常和长期协调的全方位机制"。① 从这个意义上讲，金砖国家的代表性还是相对比较稳固的。而继续夯实这种代表性的可能途径之一即是"在新兴经济体中有步骤地接纳条件成熟的成员国"，② 以免后者寻求自立门户，进而对冲金砖国家在国际关系中的作用和影响。然而，金砖国家集团的扩大并非易事。暂且不论扩大对深化可能带来的负面影响，③ 如果对吸纳新成员的考量有失偏颇，那么很有可能危及金砖国家的内部团结和金砖国家与其他新兴经济体之间的友好关系。因为从目前的成员构成来看，金砖各国的区域属性十分明显，且各国对于背靠金砖机制强化自身地区主导力及全球影响力的意图也比较清晰，所以即便要进行扩容，金砖国家也必须在内外两个方面同时做好相关国家的工作。

而在二十国集团的框架下，其他新兴经济体实际上已经与金砖国家获得了同等参与全球经济治理的权利。但是，这种权利不是金砖国家给予的，而是发达国家让予的。借助这一平台，其他新兴经济体并不时时都需要依靠金砖国家来帮助表达自身的利益诉求，而完全可以通过直接与发达国家对话的方式争取应有的权利。然而，正如本文已经提到的，发达国家在实力相对下降的背景下被迫转移部分主导权乃是形势所迫，但发达国家愿意同新兴经济体平分权利

---

① "金砖国家领导人第五次会晤《德班宣言》"，2013 年 2 月 27 日，http：//money.163.com/17/0314/00/CFER6N1S002580S6.html。

② 潘兴明、周鹤："三种维度下的金砖国家关系考察"，《俄罗斯研究》2015 年第 5 期，第 135 页。

③ 有学者直言，金砖国家成员扩大容易陷入"协调难、行动慢"的尴尬局面，建议金砖国家应将重点放在实质性合作上，而不应该盲目地求大。参见蔡春林："金砖国家扩容的建议"，《新兴经济体智库专报》2017 年第 3 期。

却绝非大势所趋。这对金砖国家与其他新兴经济体关系造成的影响主要包括两个方面。

一方面,发达国家向包括金砖国家在内的新兴经济体整体转让的份额是一定的,而接下来的矛盾很可能出现在新兴经济体相互之间的分配问题上。诚然,国际货币基金组织2010年份额与治理改革方案的生效使得中国、巴西、印度、俄罗斯等金砖成员的投票权跻身前十,但在相对收益的思维作用下,其他新兴经济体恐怕不会只关心自身的排名有没有变化,而会对排名变化了多少,[①] 尤其是与金砖国家之间的收益差距变得愈发敏感,从而有可能为发达国家借此离间金砖国家与新兴经济体之间的协作关系,进而缓解外部的竞争压力提供某种契机。

另一方面,尽管发达国家开放了之前内向型的富国俱乐部,允许金砖国家和其他新兴经济体共同参与全球经济治理,然而发达国家的真正目的却是借重后两者的实力助其维持在国际体系中的主导地位。因此,发达国家对金砖国家和其他新兴经济体让了步并不必然意味着它们会让这种不利境况持续下去。金砖国家和其他新兴经济体在要求更多平等权利方面仍会面临巨大的挑战。有鉴于此,金砖国家要继续坚定地站在新兴经济体的行列中,不断扩大相互之间的共同利益,通过结成利益共同体的方式,合力向发达国家争取符合当前国际格局的国际关系新秩序。同时,有必要密切关注其他新兴经济体的战略异动和战术冲动,适时化解因权利分配不均而引发

---

① 关于相对收益与绝对收益,see Robert Powell, "Absolute and Relative Gains in International Relations Theory", *The American Political Science Review*, Vol. 85, No. 4, 1991。

的摩擦与矛盾，共同维护新兴经济体阵营的长期稳定。

◆ 三、金砖国家与发展中国家的权益之谋 ◆

此处的发展中国家是指除金砖国家和其他新兴经济体以外的发展中国家，尤其是那些最不发达国家、小岛屿发展中国家和非洲国家。鉴于上述国家在经济与政治上的绝对弱势，金砖国家在与其打交道的过程中带有浓厚的"援助—受援"的特征。对于同样受到金融危机冲击甚至是冲击最严重的发展中国家，金砖国家强烈呼吁"国际社会需要加强向这些国家提供流动性支持的力度，努力将危机对发展的影响降到最低"，特别是"发达国家应兑现官方发展援助占其国民总收入0.7%的承诺，进一步向发展中国家增加援助、减免债务、开放市场和转让技术"。[①] 这对实现联合国千年发展目标至关重要，而在此基础上进一步实现世界经济的包容性增长则"不仅事关各国团结，而且对维护全球政治和经济稳定也具有战略意义"。[②] 当然，金砖国家领导人同样认识到，"促进发展中国家经济可持续增长是世界面临的主要挑战之一"。其中，消除赤贫和饥饿不仅"是全人类在道义、社会、政治和经济方面面临的一项紧迫任务"，而且也"是当今世界尤其是非洲和其他地区的最不发达国家面临的最严峻的

[①] "'金砖四国'领导人叶卡捷琳堡会晤联合声明"，2009年6月16日，https://www.brics2017.org/hywj/ldrhwwj/201701/t20170125_1347.html。

[②] "金砖国家领导人第二次会晤联合声明"，2010年4月15日，https://www.brics2017.org/hywj/ldrhwwj/201701/t20170125_1347.html。

全球性挑战之一"。① 对此，金砖国家"呼吁通过广泛动员多种资源，有效利用发展筹资为发展中国家提供强力支持",② 进而在2030年议程的框架下，"平衡推进经济、社会和环境三大领域的可持续发展"。③

由于南非的加入，金砖国家尤为重视对非洲发展中国家的援助，这在金砖国家德班峰会期间得到了充分体现。金砖国家领导人第五次会晤的主题即确定为"金砖国家与非洲：致力于发展、一体化和工业化的伙伴关系"。在金砖国家领导人看来，鉴于"区域一体化对非洲可持续增长、发展和消除贫困的重要意义"，他们"重申支持非洲大陆一体化进程"。而重要的基础设施"对推动区域一体化和工业化至关重要"。为此，金砖国家对非盟制定的非洲基础设施发展规划、非盟"非洲发展新伙伴计划"非洲行动计划（2010—2015）、"非洲发展新伙伴计划"总统基础设施倡议及地区基础设施发展总体规划表示认同和支持。但同时指出，"由于长期融资和外国直接投资不足，尤其是资本市场投资不足，发展中国家面临基础设施建设的挑战"。对此，金砖国家领导人一方面呼吁"合作推动更有效利用全球金融资源"，另一方面则"指示财长们评估建立一个新的开发银行的可能性和可行性，为金砖国家、其他新兴市场与发展中国家的基础设施和可持续发展项目筹集资金，作为对全球增长和发展领域的现有多边和区域金融机构的补充"。与此同时，金砖国家进出口银行

---

① "金砖国家领导人第三次会晤《三亚宣言》"，2011年4月14日，https：//www.brics2017.org/hywj/ldrhwwj/201701/t20170125_1347.html。
② "金砖国家领导人第七次会晤《乌法宣言》"，2015年7月9日，https：//www.brics2017.org/hywj/ldrhwwj/201701/t20170125_1353.html。
③ "金砖国家领导人第八次会晤《果阿宣言》"，2016年10月16日，https：//www.brics2017.org/hywj/ldrhwwj/201701/t20170125_1353.html。

和开发银行还达成了《可持续发展合作和联合融资多边协议》，并"考虑到非洲大陆的快速增长及其导致的基础设施资金方面的巨大需求，达成《非洲基础设施联合融资多边协议》"。不仅如此，金砖国家还特别关注发展中国家在国际体系中的应有权益，要求"国际货币基金组织改革应增强包括撒哈拉以南非洲在内的最贫困成员的发言权和代表性"，并在多边贸易谈判中"照顾最贫困、最脆弱成员在发展领域的主要关切"。[①]

相对于发达国家及其主导的国际金融机构的援助，金砖国家在对包括非洲在内的发展中国家提供援助时往往强调不附带任何政治条件。[②] 这既是金砖国家与发展中国家对各自相似历史遭遇的深刻反思，也是金砖国家履行其作为发展中世界一员承诺的必然要求。这种道义上和政治上的相互尊重与理解的确在很大程度上有助于金砖国家与发展中国家关系的和谐发展。但笔者认为，考虑到援助的合法性与有效性，金砖国家对发展中国家的援助在不干涉他国内政的大前提下，在不要求对其政治体制和发展道路做出硬性调整的大原则下，还是应当设定一些必要的政治条件。首先，受援国有义务将援助的人、财、物用到实处，用到真正有益于国家发展和人民福祉的地方。而对于那些政府贪腐导致的援助作用异化的情况，金砖国家应当采取措施加以制止并暂停甚至是取消对当事国的后续援助。其次，受援国应当充分尊重并支持金砖各国的内政事务。正如金砖

---

① "金砖国家领导人第五次会晤《德班宣言》"，2013年2月27日，https://www.brics2017.org/hywj/ldrhwwj/201701/t20170125_1353.html。

② 参见谢井：《金砖国家对非洲发展援助分析》，外交学院同等学力人员申请硕士学位论文，2014年。

国家不干涉受援国内政一样，受援国也不应当以自行或附议的方式对金砖国家的内政说三道四。最后，受援国还有责任响应金砖国家在国际体系中的呼吁和诉求，积极支持金砖国家以发展中国家名义为推动建立国际政治经济新秩序所进行的尝试和努力。当然，上述条件并不一定非要通过显性条款的方式加以展现。相反，它可以作为一种隐性规则存在。它可以不是援助的前提条件，但却有必要成为制约违规行为的后发手段。这样一来，既有助于应对和解决所谓的"新殖民主义"问题，又有利于金砖国家扩大和巩固国际基础，从而为金砖国家与发达国家、其他新兴经济体之间的竞合提供良好的外部环境。

此外，为了进一步加强同发展中国家的对话与交流，金砖国家在德班峰会之后又专门与非洲国家领导人举行了对话会，专题研讨金砖国家与非洲在基础设施领域的合作。这为金砖国家加强同整个非洲大陆的关系提供了额外的机会。自那以后，这一做法开始得到金砖国家的认可和推广。2014年，金砖国家领导人在第六次会晤期间举行了同南美国家领导人的对话会，旨在促进金砖国家与南美国家的合作。2015年，金砖国家领导人在第七次会晤期间同欧亚经济联盟成员国、上海合作组织成员国及观察员国国家元首和政府首脑举行了会谈。2016年，金砖国家领导人又在第八次会晤期间同环孟加拉湾多领域经济技术合作组织成员国的领导人举行了对话会。[①] 值

---

① 依循惯例，2017年中国主办金砖国家领导人第九次会晤同样会邀请其他地区组织及其成员国参与对话。考虑到该地区组织的区域范围、中国在本地区一体化进程中的一贯立场、中国"一带一路"战略的助推需求以及中国与周边国家的关系现状等因素，笔者认为厦门峰会邀请参与对话的地区组织应当锁定为上海合作组织和东盟。但鉴于2015年上合组织已经受邀在第七次会晤期间参与了同金砖国家的对话，因而东盟作为正式的、唯一的受邀者的可能性最大。

得注意的是，金砖国家历次确定并邀请的对话方通常是来自特定区域的地区组织及其成员国，而这在很大程度上取决于同样来自该区域的金砖成员的政治意愿。① 更为重要的一点在于，对此拥有提名权的金砖国家不仅是当年金砖峰会的轮值主席国，更是特定区域主导权事实上的拥有者或至少是潜在的追求者。因此，从直接意义上讲，"金砖+"的开放合作模式，有助于金砖国家"加强外围对话，扩大合作受益范围"，从而有利于"建设更加广泛的南南合作平台，形成广大新兴市场国家和发展中国家共同发展的局面"。② 而从间接意义上讲，此种模式则是对金砖各国关于地区主导权需求的回应，是对金砖国家追求各自大国身份和地位的认可。同时，这也意味着金砖国家在与特定区域的发展中国家打交道时，必须充分尊重同样来自该区域的金砖成员的利益诉求。这既是保证金砖国家内部团结的重要基础，也是保障金砖国家与发展中国家关系顺利发展的重要条件。

综上，2017年9月，金砖国家领导人第九次会晤将在中国福建省厦门市举办。为了进一步推动金砖国家合作在第二个十年取得更加丰硕的成果，作为轮值主席国的中国确定了"深化金砖伙伴关系，开辟更加光明未来"的主题，并希望厦门会晤重点在深化务实合作，促进共同发展；加强全球治理，共同应对挑战；开展人文交流，夯实民意基础；推进机制建设，构建更广泛伙伴关系等四个方面取得

---

① 以果阿峰会为例，有分析就曾指出，印度之所以邀请环孟加拉湾多领域经济技术合作组织而不是南亚区域合作联盟参与金砖对话的重要原因之一就在于，印度不仅不希望巴基斯坦分一杯羹，而且致力于借此孤立巴基斯坦，从而进一步稳固印度在南亚地区的主导权。

② "杨洁篪国务委员在2017年金砖国家协调人第一次会议开幕式上的讲话"，外交部，2017年2月23日，https：//www.brics2017.org/dtxw/201702/t20170223_1454.html。

进展。① 结合本文研讨的问题以及中国方案的相关特色，笔者认为，厦门峰会可以从以下几个角度优化金砖国家与外部世界的关系。第一，以新型国际关系的范式和命运共同体的理念规范金砖国家与发达国家之间的权力之争，倡导摒弃零和博弈，力主实现互利共赢，同时创建双方定期对话与交流的有效机制；第二，以共商、共建、共享的理念引导金砖国家与其他新兴经济体之间的权利之分，既要借重新兴经济体触动国际关系的良性转变，也要尽可能地尊重和满足新兴经济体的利益诉求，还要注意平衡双方对绝对收益和相对收益的关注，要通过创建拥有公平分配机制的利益共同体来维系双方的共同阵营；第三，以正确的义利观指导金砖国家与发展中国家之间的权益之谋，致力于通过有效的援助增强广大发展中国家在内政外交上自力更生、独立自主的可持续能力，并经由平等互利的合作推动双方的共同发展。与此同时，进一步丰富"金砖+"模式的内涵和外延，促进金砖国家与发展中国家伙伴关系网络全球化的最终形成。

---

① "习主席就我国接任金砖国家主席国致信其他金砖国家领导人"，新华社，2017年1月26日，https://www.brics2017.org/dtxw/201701/t20170114_1128.html。

巴西的金砖定位：基于系列研讨会的研究

谌华侨[*]

亚历山大·德·古斯芒基金会［Fundação Alexandre de Gusmão (FUNAG)］在 2011 年和 2012 年先后召开了三次圆桌论坛（以下简称"三次会议"）来讨论金砖问题，并据此先后编辑出版了多本葡萄牙语和英语书籍，以此来记录并呈现这三次会议的主要内容。这三次会议及其相关书籍奠定了巴西金砖定位的基调，是后来者研究巴西金砖问题的经典文献。

本文主要从三次会议的重要性着手，分析会议理应受到高度关注的原因。同时，剖析三次会议的主要内容，展现会议参与者对于巴西金砖定位的全方位思考。最后，简要评述这三次会议的意义和影响。

---

[*] 谌华侨，博士，四川外国语大学国际关系学院副教授，研究方向为巴西政治与外交。

◆ 一、三次金砖国家研究圆桌论坛的重要性 ◆

在巴西国内讨论金砖定位时，巴西外交部所属的古斯芒基金会组织的三次圆桌会议不可小觑。之所以要关注这三次会议，主要是基于以下几方面的原因：

首先，从会议举办的时间来看，首次圆桌讨论于 2011 年 12 月 6 日在圣保罗举行，本次讨论距离 2011 年 4 月 14 日中、俄、印、巴、南五国领导人在海南三亚举行金砖国家领导人第三次会晤有半年多。而且，此次峰会是金砖四国变为金砖五国后的首次领导人会晤。由此可以看出，该会议在金砖国家出现伊始便开启了相关问题的讨论，在巴西国内具有前瞻性。

其次，从会议主办方来看，古斯芒基金会隶属于巴西外交部，是巴西规模最大、最权威的国际关系研究机构，也是拉美最具影响力的智库之一。该机构主席由大使担任，其职责主要包括出版巴西外交政策和外交史方面的书籍，为研讨会和会议编辑资料；出版巴西外交学院毕业论文等，主要目的在于组织有关问题的讨论；传播巴西外交政策和外交史方面的知识，塑造大众对当下国际问题的意识。[①] 从会议主办方来看，三次会议代表了巴西外交部对金砖问题的权威关注，具有明确指向性。

[①] 有关古斯芒基金会的详细信息参看其官方网站，http://funag.gov.br/index.php/pt-br/funag。

随后，从会议参与者来看，三次会议邀请了巴西外交官、智库和高校学者、企业家以及金砖国家的学者代表。会议不仅展现了巴西外交一线的工作，也反映了巴西国内学术界对金砖问题的一般看法。从会议参与者来看，三次会议较为全面和客观地反映了巴西外交界和学术界对于金砖定位的共识。

最后，从会议成果呈现方式来看，三次会议的讨论均形成了论文集，相关论文集还出版了葡萄牙语和英语双语版本，并对相关内容进行了再版修订。更为重要的是，所有的书籍均放置于官方网站，供需要的读者免费下载。Catálogo Bibliografico BRICS，O Brasil，os BRICS e a Agenda Internacional 均处于下载量统计的前列。① 不仅如此，笔者2015年访问古斯芒基金会，拜会利马主席时，他（利马主席）对 Brazil, BRICS and The International Agenda, Debating BRICS, RICS-Estudos e Documentos 予以重点介绍，并将其作为礼物馈赠予我。客观数据和主观感受均表明，三次会议论文集对于巴西政府而言极其重要。

◆ 二、三次金砖国家研究圆桌论坛的主要内容 ◆

对于三次会议主要内容的分析，计划从参会者和发言内容两个

---

① 具体的下载统计量参考古斯芒基金会官方网站，http://funag.gov.br/index.php/pt-br/2013-10-27-13-26-39。从近三年的下载量统计来看，除了这两本金砖研究的书籍外，绝大部分是巴西外交官考试的指定书籍。巴西外交官入职考试由外交部组织实施，与中国国内的外交官入职考试由人事部统一组织考试不同。同时，考试内容更为专业，难度也更大，每年的岗位需求量维持在20多人。外交官待遇优厚，纵使考试难度大，竞争激烈，成为外交官仍然是很多年轻人的优先选择，由此导致入职考试指定书籍在巴西国内每年都热销，网络下载量居高不下。

方面展开,便于从中概括主要内容。

(一)第一次圆桌讨论

首次圆桌讨论于 2011 年 12 月 6 日在圣保罗阿尔蒙德基金会(Fundação Armando Alvares Penteado)举行,由时任古斯芒基金会国际关系研究所主任的皮门特尔(José Vicente de Sá Pimentel)大使主持,[1] 邀请巴西外交部金砖事务协调人,联邦政府代表,帕拉州(Pará,位于巴西北部)、伯南布哥州(Pernambuco,位于巴西东北部)、米纳斯吉纳斯州(Minas Gerais,位于巴西东南部)、南里奥格兰德州(Rio Grande do Sul,位于巴西南部),以及里约热内卢—圣保罗—巴西利亚传统核心区的大学和智库代表参会。[2] 从会议代表的区域和分布来看,具有广泛的代表性:既有来自一线的外交官,也有大学和智库学者;既有来自巴西东南部、南里奥格兰德州,以及里约热内卢—圣保罗—巴西利亚传统核心区的精英,也有来自地方的不同声音。

从外交官群体来看,前驻联合国大使热尔森·丰塞卡(Gelson Fonseca)认为,金砖形成了有别于其他新兴国家的品牌。金砖国家会由内向(hacia adentro)变得更为外向(hacia afuera)的国家,但现有各个国家之间的差异会影响金砖国家的共同行动。金砖国家有

---

[1] 该大使于 2012 年 6 月 5 日至 2014 年 1 月 31 日升任为古斯芒基金会主席。
[2] José Vicente de Sá Pimentel, Orgs, O Brasil, os BRICS e a Agenda Internacional, Funag, 2012, Apresentação, p. 10.

助于产生多极世界，有利于产生一个包容和协调的世界秩序。① 玛利亚·埃迪列扎·丰特内莱·雷斯（Maria Edileuza Fontenele Reis）参赞作为金砖国家巴西方面的协调人，她从实际工作角度出发，讨论了金砖国家作为政治—外交机制的形成和演化过程。她认为金砖国家在经济领域开始改革国际金融体系，在政治领域，对话和理解在进一步加深，并成功地建构合作议题。同时，她特别指出，金砖不针对其他国家，也不是为了反对任何国家集团而成立，对金砖国家之外的成员秉持开放态度。基于五个国家的差异性，有可能产生国家行为的新范式。② 雷昂（Valdemar Carneiro Leão）大使从认同和经济议题方面探讨金砖国家。他认为，金砖国家成立尚早，认同正在建构过程中，其议题较为宽泛，但受限于各个成员的差异。但金砖国家的经济和政治意义重大，需要集体行动来采取有效举措以改变决策过程。但金砖国家有足够的实力来提出议题或者阻扰不利于自己的议题。③阿丰索·塞尔索·德欧罗普雷托（Affonso Celso de Ouro-Preto）大使讨论了金砖国家作为一种新兴力量所存在的问题，认为金砖国家表现为一种进程或论坛，人类的重要利益、计划和抱负在此将得以讨论。④ 资深外交官卡洛斯·马尔西奥·克泽迪（Carlos Márcio Cozendey）认为，金砖国家的形成源于政治决策，它在当代

---

① José Vicente de Sá Pimentel, eds, Brazil, BRICS and The International Agenda, FUNAG, 2013, pp. 22, 44.
② José Vicente de Sá Pimentel, eds, Brazil, BRICS and The International Agenda, FUNAG, 2013, pp. 64–66.
③ José Vicente de Sá Pimentel, eds, Brazil, BRICS and The International Agenda, FUNAG, 2013, p. 83.
④ José Vicente de Sá Pimentel, eds, Brazil, BRICS and The International Agenda, FUNAG, 2013, p. 116.

经济秩序中发挥独特作用。基于各个成员国的特性以及能力差异，不能期待金砖国家会在国际经济中采取集体行动。① 鲁本斯·巴尔博扎（Rubens Barbosa）大使认为，金砖国家为巴西增强自身影响力和在世界舞台的重要地位提供了机会。巴西密切与金砖国家的联系有可能引起紧邻的误解。② 弗拉维奥·萨达米科（Flávio S. Damico）认为，金砖国家在国际事务中具有进攻性，期待通过渐进的方式改革国际秩序和全球治理，但既得利益将限制这样的改革举动。③ 鲁本斯·里库佩罗（Rubens Ricupero）大使认为，金砖国家不应该视为五国各自外交政策的工具，巴西参与金砖国家会加深如拉美国家之间的紧张局势。

来自科学、技术与创新部的罗纳尔多·莫塔（Ronaldo Mota）认为，创新是金砖国家的重要战略，对于巴西经济和社会的可持续发展至关重要。④ 来自发展、工业和外贸部的若昂·奥古斯托·巴普蒂丝塔（João Augusto Baptista Neto）等人认为，巴西与其他金砖国家间的贸易关系日益密切，但各自与巴西的贸易呈现国别特性，除了中国之外，其他金砖国家在巴西的投资较少，巴西的私营部门与其他金砖国家的经贸合作空间巨大。⑤

---

① José Vicente de Sá Pimentel, eds, Brazil, BRICS and The International Agenda, FUNAG2013, p. 169.
② José Vicente de Sá Pimentel, eds, Brazil, BRICS and The International Agenda, FUNAG, 2013, p. 362.
③ José Vicente de Sá Pimentel, eds, Brazil, BRICS and The International Agenda, FUNAG, 2013, p. 402.
④ José Vicente de Sá Pimentel, eds, Brazil, BRICS and The International Agenda, FUNAG, 2013, p. 97.
⑤ José Vicente de Sá Pimentel, eds, Brazil, BRICS and The International Agenda, FUNAG, 2013, p. 198.

资深媒体人士卡洛斯·爱德华多·林斯·达席瓦尔（Carlos Eduardo Lins da Silva）认为，金砖从一个代表巨大消费市场的缩写演变成论坛。这一论坛有可能形成新的全球治理结构，并取代现有的全球治理结构。[1]

从高校学者来看，圣保罗大学的阿尔贝托·普费佛（Alberto Pfeifer）教授认为，金砖国家为巴西提供了最强有力的集体行动的平台，但美国仍然是巴西优先关注的对象，必须确保并维系与美国的良好关系，不能因金砖的出现而放弃与美国关系的主动性和自由度。[2] 巴西利亚大学的安东尼奥·若热·拉马略（Antonio Jorge Ramalho）教授认为，金砖国家缺乏基于一套价值理念的共识，这一共识是重建当代国际秩序的基础，也有利于金砖国家对于国际秩序重现发挥更为持久的影响。世界金融危机为金砖国家改变国际秩序提供了千载难逢的机遇。[3] 圣保罗大学的轮尼娜·波默兰茨（Lenina Pomeranz）副教授认为，金砖国家间的贸易不足以产生更密切的凝聚力或集团的机制化，因此金砖国家需要强化这些凝聚力，以便成为国际体系的制度性变革力量。[4] 马科斯·科斯塔·利马（Marcos Costa Lima）教授认为，金砖国家的内部凝聚力较弱，金砖国家的互惠关系是双边的，地缘紧张状态历史久远，从地缘政治上考虑，对

---

[1] José Vicente de Sá Pimentel, eds, Brazil, BRICS and The International Agenda, FUNAG, 2013, p. 156.
[2] José Vicente de Sá Pimentel, eds, Brazil, BRICS and The International Agenda, FUNAG, 2013, p. 126.
[3] José Vicente de Sá Pimentel, eds, Brazil, BRICS and The International Agenda, FUNAG, 2013, p. 146.
[4] José Vicente de Sá Pimentel, eds, Brazil, BRICS and The International Agenda, FUNAG, 2013, p. 179.

于巴西最为有利。① 玛利亚·雷吉纳·苏亚雷斯·德利马（Maria Regina Soares de Lima）指出，金砖国家有足够的能量在改变国际规范过程中扮演建设性角色。金砖国家将在参与 G20 事务以及改革 IMF 过程中发挥重要作用。② 南里奥格兰德联邦大学的保罗·法贡德斯·维森蒂尼（Paulo Fagundes Visentini）教授认为，金砖国家的内部脆弱性和外部有限性表明这一组织没有能力成为世界秩序的主要集团。圣保罗天主教大学的里卡多·森内斯（Ricardo Sennes）教授指出，金砖国家有可能占据更多的国际秩序空间，巴西的国际立场和利益有可能与金砖国家不一致，同时，巴西的世界观和战略利益也与金砖国家不同。③ 里约热内卢天主教大学的若昂·庞特斯·若盖拉（João Pontes Nogueira）认为，金砖国家在国际政治中表现为一股改革的力量，但他们实际上在集团寻求增加各自影响力，以形成有利于发展的外部环境，并非变革现有力量格局的修正主义者。④

从智库学者来看，马尔西奥·波沙曼（Marcio Pochmann）指出，随着巴西与其他国家的贸易和投资关系日益密切，巴西贸易结构有可能失衡，不利于提高巴西商品的竞争力。⑤雷纳托·鲍曼（Renato Baumann）教授认为，金砖国家需要提高内部凝聚力，确定公共目

---

① José Vicente de Sá Pimentel, eds, Brazil, BRICS and The International Agenda, FUNAG, 2013, p. 254.
② José Vicente de Sá Pimentel, eds, Brazil, BRICS and The International Agenda, FUNAG, 2013, p. 258.
③ José Vicente de Sá Pimentel, eds, Brazil, BRICS and The International Agenda, FUNAG, 2013, p. 334.
④ José Vicente de Sá Pimentel, eds, Brazil, BRICS and The International Agenda, FUNAG, 2013, p. 408.
⑤ José Vicente de Sá Pimentel, eds, Brazil, BRICS and The International Agenda, FUNAG, 2013, p. 215.

标，在最重要的国际论坛讨论共同议题，充分利用外部环境。[①]桑德拉·波洛尼亚·里奥斯（Sandra Polónia Rios）认为，金砖国家作为一个联盟值得商榷，但五国具有共同目标。[②] 瓦加斯基金会的奥利弗·斯图恩科尔（Oliver Stuenkel）认为，金砖国家已经成为新兴国家讨论和协调全球性挑战的重要平台，同时也存在诸多缺陷，金砖能够成为未来全球治理的重要力量。[③]

本次研讨会的成果于 2012 年以 O Brasil, os BRICS e a Agenda Internacional[④] 为题，经由古斯芒基金会出版发行，一经发行即刻售罄，随后经过修订，于 2013 年以 Brazil, BRICS and The International Agenda 为题再版发行。

（二）第二次圆桌讨论

第二次圆桌讨论于 2012 年 4 月 27 日在里约热内卢伊塔马拉提宫举行，主要是讨论 2012 年 3 月 28 日和 29 日在印度新德里举办的金砖国家贸易部长会议和金砖国家领导人峰会成果。会议邀请了参与相关会议的参与者分享个人经验。

会议第一部分是邀请三位政府部门代表分享在印度参会的经历。

[①] José Vicente de Sá Pimentel, eds, Brazil, BRICS and The International Agenda, FUNAG, 2013, p. 312.
[②] José Vicente de Sá Pimentel, eds, Brazil, BRICS and The International Agenda, FUNAG, 2013, p. 349.
[③] José Vicente de Sá Pimentel, eds, Brazil, BRICS and The International Agenda, FUNAG, 2013, p. 379.
[④] José Vicente de Sá Pimentel, org, Brasil, os BRICS e a Agenda Internacional, FUNAG, 2012.

玛利亚·埃迪列扎·丰特内莱·雷斯（Maria Edileuza Fontenele Reis）大使在外交部担任政务三司副司长，以巴西外交部金砖国家政治协调人的身份参与新德里峰会。他披露，新德里峰会提出要建立金砖国家发展银行。①

发展、工业和贸易部国际贸易司司长塔蒂安娜·普拉泽雷斯（Tatiana Prazeres）分享了所参与的金砖国家贸易部长会议。他指出，巴西与其他金砖国家的贸易往来日益密切，金砖国家对于巴西的对外贸易越发重要，但出口主要是初级产品，进口是工业制成品，商品质量和多样性面临挑战。② 同时，在2011年12月，金砖五国贸易部长在WTO贸易部长会议前进行了双边会面，以协调大会立场，最终达成共识，形成共同声明。2012年4月的G20贸易部长首次会议，金砖国家贸易部长在会议前夕碰头，形成共同声明。

财政部国际司司长卡洛斯·马尔西奥·克泽迪（Carlos Márcio Cozendey）大使分享了金砖五国财政部长谈判。金砖五国作为世界大国，在国际秩序中拥有重要资源和利益诉求，但均被排除在重要的决策机制之外（安理会除外）。③ 同时，《新德里宣言》提到了世界银行的改革问题。巴西想参与到世界银行的决策程序中去，并承担塑造这一决策进程的职责。关于设立金砖国家发展银行的建议，巴西认为金砖国家发展银行应该优先关注可持续发展问题，关注环境、社会和经济的一体化发展。

在三人发言后的点评环节，若泽·维森特·德萨·皮门特尔

---

① José Vicente de Sá Pimentel, eds, Debating BRICS, FUNAG, 2013, p. 16.
② José Vicente de Sá Pimentel, eds, Debating BRICS, FUNAG, 2013, pp. 19–20.
③ José Vicente de Sá Pimentel, eds, Debating BRICS, FUNAG, 2013, p. 22.

(José Vicente de Sá Pimentel）大使指出，巴西通过金砖国家提升了国家声誉，同时也提升了其他金砖国家的声誉。① 鲁本斯·巴尔博扎（Rubens Barbosa）大使在点评时指出，巴西需要明白能从金砖国家得到什么？巴西必须界定本国利益和巴西在金砖国家的议题。其次，巴西所界定的议题不仅要服务于巴西，也要服务于金砖国家。他认为《新德里宣言》没有体现巴西的国家利益。② 雷纳托·鲍曼（Renato Baumann）教授在点评环节提出了八个问题。首先，经过四次峰会，至少要确认共同议题。第二，金砖国家具有明显的地缘政治影响，但参与者似乎有惰性，没有利益驱动。第三，夸大了金砖国家的影响。第四，通过政治手段来调配金砖国家发展银行的资源会导致成本增加。第五，媒体广泛报道金砖国家发展银行会成为人民币国际化的工具。第六，金砖国家发展银行会资助金砖和其他发展中国家。第七，世界银行总裁人员流产，是否意味着金砖国家在这一过程中产生作用，或者反映金砖国家在实现这一目标的过程中有困难。第八，从《新德里宣言》到多哈回合谈判，所处理的问题比双边贸易要困难得多。③ 这些问题为后续金砖问题讨论提出了重要话题。

本次圆桌论坛连同第三次圆桌论坛以及此前几次金砖国家会议的共同声明以 Debating BRICS 之名经过古斯芒基金会在 2013 年出版发行。该书最大的特点是，完全基于会议讨论发言录入，而非一般的会议论文汇集，以确保发言人的意图得以完整保存。

---

① José Vicente de Sá Pimentel, eds, Debating BRICS, FUNAG, 2013, p. 29.
② José Vicente de Sá Pimentel, eds, Debating BRICS, FUNAG, 2013, pp. 31 – 32.
③ José Vicente de Sá Pimentel, eds, Debating BRICS, FUNAG, 2013, pp. 33 – 35.

（三）第三次圆桌讨论

第三此圆桌讨论于 2012 年 7 月 31 日在圣保罗举行。

本次圆桌讨论由若泽·维森特·德萨·皮门特尔（José Vicente de Sá Pimentel）大使主持，不仅邀请巴西国内的专家学者，以及金砖国家工作的外交官和政府代表与会，同时还邀请来自俄罗斯、中国、印度和南非的专家参会。

鲁本斯·巴尔博扎（Rubens Barbosa）大使在发言中提到，金砖国家应该联合行动，以产生更大的国际影响力。巴西在金砖国家中具有达成共识的最佳条件，并为金砖提供了软实力发展之道。[1]

巴西外交部经济司副司长瓦尔德马尔·卡内罗·莱昂（Valdemar Carneiro Leão）大使在发言中指出，G20 不仅导致金砖国家的产生，而且为金砖国家的运行提供了场景，尤其是在全球治理方面，因此 G20 强化了金砖国家。同时，他还指出，金砖国家的出现是自我评估的交叉确认，即金砖国家彼此认为对方的存在。金砖国家表明一国行动能力的提升，并代表着一种品牌。金砖国家将巴西变为 G20 内部一个特别的新兴国家。[2]

财政部国际经济司司长助理特别指出，自从叶卡捷琳堡峰会以来，金砖国家的经济—金融议题卓有成效。金砖国家财政部长在最近三年内进行了 11 次会晤，每次会晤均在技术层面拥有完整的协调

---

[1] José Vicente de Sá Pimentel, eds, Debating BRICS, FUNAG, 2013, pp. 106 – 107.
[2] José Vicente de Sá Pimentel, eds, Debating BRICS, FUNAG, 2013, pp. 131 – 132.

程序，因此 G20 成为金砖国家协调的窗口。从他的工作实践来看，金砖国家是 G20 内的一个平台，两者共同影响其他论坛。①

IMF 专家委员会和巴西 G20 事务协调员保罗·若盖拉·巴蒂斯塔·容尼奥尔（Paulo Nogueira Batista Júnior）认为，虽然金砖国家在世界银行和 G20 内部存在分歧，但是金砖国家是 2008 年以来巴西在 IMF 以及 G20 内的重要盟友。对于巴西而言，在 IMF 中的金砖国家比拉美国家还重要。②

罗纳尔多·萨尔登伯格（Ronaldo Sardenberg）大使在发言中指出，金砖国家的建立增加了世界秩序转向多边甚至是多极的可能性。在政治方面，金砖国家是巴西实现安理会入常的工具。在经济方面，经济危机为金砖国家建立国际秩序提供了机会。③

巴西国际关系研究中心主席路易斯·奥古斯托·卡斯特罗·内维斯（Luís Augusto Castro Neves）大使指出，需要关注金砖国家软制衡美国的作用。④

巴西前驻华大使阿丰索·欧罗普雷托（Affonso Ouro-Preto）指出，中国的贸易发展对于巴西和其他发展中国家有利，而且特别指出，中国没有在海外建立帝国的传统。⑤

在随后的自由发言中，卢科亚诺夫（Fyodor Lukyanov）认为中美对抗不可避免，美国对中国的遏制越激烈，美国与印度和俄罗斯

---

① José Vicente de Sá Pimentel, eds, Debating BRICS, FUNAG, 2013, pp. 136 – 139.
② José Vicente de Sá Pimentel, eds, Debating BRICS, FUNAG, 2013, pp. 141 – 145.
③ José Vicente de Sá Pimentel, eds, Debating BRICS, FUNAG, 2013, pp. 146 – 149.
④ José Vicente de Sá Pimentel, eds, Debating BRICS, FUNAG, 2013, p. 154.
⑤ José Vicente de Sá Pimentel, eds, Debating BRICS, FUNAG, 2013, pp. 155 – 156.

就越接近，金砖国家要对此做好准备。①奥利弗·斯图恩科尔（Oliver Stuenkel）教授认为，政府所做与学者和分析家所思之间有间隙。②安娜·雅瓜里比（Anna Jaguaribe）教授认为，金砖国家是全球化浪潮的产物，同时带来了一些新事物。金砖国家不仅改变体系，同时在发展的新情境下，产生了新问题。③

本次研讨会的发言稿经过整理后，收录到 Debating BRICS 之中，作为其中一个部分，与第二次圆桌论坛一并发表。与此同时，参与第三次圆桌论坛的六位嘉宾提交的论文汇编到 Brazil, BRICS and The International Agenda 当中，与第一次圆桌论坛参会论文一并出版。

◆ 三、三次金砖国家研究圆桌论坛的简要评述 ◆

三次会议虽然短暂，但在思想交锋的过程中留下了诸多精神遗产，值得研究巴西金砖政策的同行们关注。

首先，从主要内容来看，第一次圆桌讨论主要关注金砖国家的理论问题。第二次圆桌讨论更多关注的是实务问题，具体而言就是金砖国家第二次贸易部长会议以及金砖国家第五次领导人峰会成果。第三次会议更多讨论的金砖国家的未来发展问题。三次研讨各有侧重，逐步深入。

在金砖问题的关注过程中，古斯芒基金会组织了更大范围的讨

---

① José Vicente de Sá Pimentel, eds, Debating BRICS, FUNAG, 2013, p. 157.
② José Vicente de Sá Pimentel, eds, Debating BRICS, FUNAG, 2013, p. 160.
③ José Vicente de Sá Pimentel, eds, Debating BRICS, FUNAG, 2013, p. 161.

论，出版了系列研究成果。该基金会曾于2011年与巴西—中国问题研究所（O Instituto de Estudos Brasil-China, IBRACH）在中国举办了研讨会。在2014年福特莱萨金砖国家第六次峰会前夕，古斯芒基金会与金砖国家智库牵头单位——巴西应用经济研究所（Ipea）联合举办了金砖国家智库论坛，并编辑出版会议论文集。[1] 随后，汇集本次会议的成果，形成了金砖国家智库向国家领导人第六次峰会提交的正式建议文本。[2] 该机构于2015年再次编辑出版金砖国家研究力作，持续关注这一重大问题。[3]

其次，巴西对于金砖国家高度重视，金砖国家是巴西外交优先关注的重要议题。时任巴西外交部长在接受《圣保罗页报》[4] 采访时指出："现在巴西与金砖国家的关系可以与20世纪初由里约·布兰科[5]倡导的巴西与美国的关系相媲美。"[6] 当世界权力由西欧转向

---

[1] 早在2011年古斯芒基金会已经组织有关力量，编辑出版了该机构近年来网络下载量激增的金砖国家文献汇编类书籍，Izabel Patriota Pereira Carneiro, org, Catálogo Bibliografico BRICS, FUNAG, 2011. Renato Coelho Baumann das Neves, Tamara Gregol de Farias, eds, VI BRICS Academic Forum, Ipes, 2014.
[2] BRICS Think Tanks Council, eds, Towards a Long-term Strategy for BRICS: A Proposal by the BRICS Think Tanks Council, Ipea, 2015.
[3] Renato Baumann, org, BRICS: Estudos e Documentos, FUNAG, 2015. 该书随后以英文版于2017年再版，Renato Baumann, eds, BRICS: Studies and Documents, FUNAG, 2017.
[4] 《圣保罗页报》是巴西发行量最大的报纸，在巴西社会舆论中扮演不可替代的角色。
[5] 里约·布兰科（Barão do Rio Branco）是巴西外交官群体中最为杰出的代表，为纪念他对于巴西的不朽功勋，其名字成为巴西外交学院的称谓——里约·布兰科学院（Instituto Rio Branco），他的生日成为巴西外交官日，他的头像出现在巴西货币上。
[6] 原话来自Patriota, Antonio. Os Brics são hoje os EUA da época do Rio Branco. Rio de Janeiro: Folha de S. Paulo, 10 de janeiro de 2012. 在里约·布兰科于20世纪初为巴西外交战略布局规划的蓝图中，美国成为巴西外交的重要对象。相关内容可以参见Jorge, A. G. de Araujo, Introdução às obras do Barão do Rio Branco, FUNAG, 2012, Capítulo VIII.

美国的时候，里约·布兰科（Barão do Rio Branco）颇具慧眼地与美国建立了良好且密切的外交关系，现如今，巴西应该认识到金砖国家的重要性，密切与金砖国家的关系。① 与此同时，参会的巴西外交官群体高度重视金砖国家对于国际秩序的积极影响，以及在这一进程中巴西的政治受益，普遍认为金砖国家可以提升本国声誉。②

然而，部分学者和新闻领域的从业人员更为关注金砖国家内部的非对称性和差异对金砖国家合作的负面影响，③ 但这样的判断并未形成主流共识。

第三，金砖国家取得成效的领域。参会人员普遍认为金砖国家在经济议题方面卓有成效，金砖国家在巴西的贸易结构中占据重要位置，巴西需要强化金砖议程。其中最为典型的当属发展、工业和贸易部对外贸易司司长塔蒂安娜·普拉泽雷斯（Tatiana Prazeres）根据自己的工作实践，在发言中特别指出金砖国家近年来在经贸领域取得了显著成就，并特别指出中国在金砖国家经贸联系中发挥了特殊作用。④

在具体操作层面，金砖五国在政策协调上逐步成型。巴西外交部政治三司副司长、金砖国家政治协调人玛利亚·埃迪列扎·丰特

---

① 对这一问题的类比和深度阐发详见拉美国家驻国际货币基金组织代表 Paulo Nogueira Batista Júnior 的发言，José Vicente de Sá Pimentel, eds, Debating BRICS, FUNAG, 2013, pp. 140 – 146。

② 最具代表性的当属巴西前驻英国和美国大使、时任圣保罗工业联合会顾问委员的 Rubens Barbosa 大使。

③ José Vicente de Sá Pimentel, eds, Debating BRICS, FUNAG, 2013, pp. 177 – 179.

④ 其发言内容详见 José Vicente de Sá Pimentel, eds, Debating BRICS, FUNAG, 2013, pp. 18 – 22, 52 – 53。

内莱·雷斯（Maria Edileuza Fontenele Reis）大使指出，金砖国家在G20关于改革国际金融机制的协调日趋成熟，并在农业、卫生、科学技术和智库论坛方面实现深入合作。① 同时，财政部长和中央银行行长会晤机制日渐成熟，联系日益密切，② 并有意愿建立金砖国家发展银行和应急储备金。③

第四，对于中国的不同立场。从事中国问题研究，熟悉中国事务，曾经在中国工作或生活过，以及访问过中国的学者普遍对金砖合作持积极态度，在相关问题的分析上对于中国的态度更为客观和务实。

恩里克·阿尔特马里（Henrique Altemani）教授认为，金砖国家是一个平台，将彼此联系在一起的不是经济和贸易问题，而是为了反对G7的政治考量。他还指出，中国和巴西之间存在长期的政治协同效应。④ 阿丰索·欧罗普雷托（Affonso Ouro-Preto）大使认为，金砖国家是基于共同利益的平台，巴西有必要参与其中，任世人知晓巴西的利益诉求。同时指出，中国的经济发展对巴西极为有利，也

---

① 其发言内容详见 José Vicente de Sá Pimentel, eds, Debating BRICS, FUNAG, 2013, pp. 14 – 15。

② Paulo Nogueira Batista Júnior 从其在国际货币基金组织的工作经历出发，表明与金砖国家同事的日常密切联系，其关于金砖国家在国际货币基金组织协调人的密切联系参见 José Vicente de Sá Pimentel eds, Debating BRICS, FUNAG, 2013, pp. 142 – 143。

③ 财政部国际司司长 Carlos Márcio Cozendey 在发言中分享了金砖国家发展银行和应急储备金的缘由和现实进展，José Vicente de Sá Pimentel eds, Debating BRICS, FUNAG, 2013, pp. 24 – 26。

④ Henrique Altemani 教授就职于帕拉伊巴州立大学和圣保罗天主教大学，主要从事中国外交以及亚太战略研究，其主要观点参见 José Vicente de Sá Pimentel, eds, Debating BRICS, FUNAG, 2013, pp. 46 – 47。

有益于其他发展中国家,并特别指出中国不具有建立海外强权的传统。①

第五,多位与会者在金砖事务及对华关系上发挥持续影响。雷昂大使作为时任巴西外交部主管经济和金融事务的副司长,全程参与三次研讨会。他曾任巴西驻 G20 代表,熟悉国际经济事务,并于 2013—2015 年担任巴西驻华大使,其间,不遗余力地推进中巴经贸合作。② 鲍曼(Renato Baumann)教授是唯一一位全程参与三次研讨会的学者,其发言内容颇具特色,相对于一般与会者旗帜鲜明地表明立场,他的启发性思考题引起与会人员的热议,将研讨引向深处。③ 同时,他也是金砖国家智库巴西牵头单位的负责人,其所在的应用经济研究所国际部有多位研究人员从事金砖或中国问题研究,他本人及研究团队多次到访中国参加相关活动。④ 特梅尔执政以来,他转任规划、发展和管理部国际司副司长,负责中巴双边产能基金事务,直接负责对华事务。安娜·雅瓜里贝(Ana Jaguaribe)教授曾于 1998—2003 在中国进行研究工作,熟谙中国事务,近年来多次访问中国,与中国学术界和政府部门进行学术交流,致力于不断加

---

① Affonso Ouro-Preto 曾于 1999—2003 年间担任巴西驻华大使,时任巴西—中国问题研究所主席。其发言内容详见 José Vicente de Sá Pimentel, eds, Debating BRICS, FUNAG, 2013, pp. 48 - 49, 155 - 156。

② 雷昂大使在研讨会期间指出,G20 催生了金砖国家,金砖国家对于中国意义重大。详细内容参见其发言 José Vicente de Sá Pimentel, eds, Debating BRICS, FUNAG, 2013, pp. 130 - 135。

③ 相关内容参见 José Vicente de Sá Pimentel, eds, Debating BRICS, FUNAG, 2013, pp. 32 - 35, 164 - 165。

④ 不仅如此,自 2009 年以来,鲍曼教授每年均受邀来中国参加学术交流,也多次受《人民日报》和《中国日报》邀请,撰写专栏文章,向中国读者介绍巴西,阐发中巴关系。他在巴西国内也是有关中国问题研究会议的座上宾。

深中巴之间的了解。① 雅瓜里贝教授所属的巴西—中国问题研究所是巴西国内中国问题研究执牛耳者，该所拥有中国研究成建制力量，致力于深化中巴关系。

从上述简评可以看出，虽然三次会议持续时间短暂，但与会者所讨论的问题内容广泛，所产生的影响深远，会议所形成的成果直接影响巴西金砖政策及其实施。与此同时，有关与会者参与到巴西与其他金砖国家的交流互动中去，他们作为参与者，对巴西的金砖政策产生持久影响。

---

① 不仅如此，其兄长——江豹（Roberto Jaguaribe）随后成为巴西驻华大使。江豹大使短暂担任驻华大使履职回国后，被特梅尔政府任命为外交部所属的巴西贸易与投资促进局（Apex-Brasil）主席，承担新政府贸易促进重任。更为重要的是，其父埃利奥·雅瓜里比·戈梅斯·德马托斯（Hélio Jaguaribe Gomes de Mattos）不仅是巴西国内知名的大学者，著作等身，同时还是巴西民主社会党（Partido da Social Democracia Brasileira）的创始人之一，担任过政府高官。

俄罗斯的金砖国家外交战略研究

李珍珍[*]

金砖国家能否持续发展从其成立以来就争论不断。在金砖国家从概念到国际政治现实存在的过程中，俄罗斯所起的推动作用最为突出，因而有必要仔细梳理俄罗斯对金砖国家的外交战略的来源与布局。俄罗斯是否对金砖国家制定有长期外交战略，各国政界与学术界暂无定论。俄罗斯官方多用"战略"来表达俄罗斯对金砖国家的计划，如《金砖国家长期战略：俄方观点》。[②] 有学者将其金砖国家战略定性为"和平的"、"纯防御性质"、"保护它的合法利益"等等；[③] 也

---

[*] 李珍珍，博士，湘潭大学历史系讲师，研究方向为苏联历史。

[②] Γ·托洛拉亚，谢周译："金砖国家长期战略：俄方观点"，《俄罗斯文艺》2014 年第 1 期。

[③] Mikhail Barabanov, ed., *Russia's New Army* (Moscow: Center for Analysis of Strategies and Technologies, 2011); Mikhail Barabanov, Konstantin Makienko and Ruslan Pukhov, *Military Reform: Toward a New Look on the Russian Army* (Moscow, Russia: The Valdai Discussion Club, 2012), http://vid1.rian.ru/ig/valdai/Military_reform_eng.pdf; Fyodor Lukyanov. "Russian Dilemmas in a Multipolar World", *Journal of International Affairs*, 2010, Vol. 63, No. 2, http://jia.sipa.columbia.edu/russian-dilemmas-multipolar-world/; Flemming S. Hansen and Alexander Sergunin, "Russia, BRICS, and peaceful coexistence: between idealism and instrumentalism", in Cedric de Coning, Thomas Mandrup and Liselotte Odgaard (eds.). *The BRICS and Coexistence: An Alternative Vision of World Order*. Abingdon: Routledge Taylor & Francis Group, 2014, pp. 75 – 99.

有学者定性为"和平共处下的软实力外交"。[1] 还有学者指出,作为世界经济和世界政治中一些新的"极",金砖四国的崛起具有客观性,加入金砖四国是俄罗斯做出的、具有特别重要意义的战略选择。[2]

西方学者与政要们对俄罗斯的金砖国家外交定性主要有"扩张主义"、"沙文主义"或重返"炮舰外交"论;[3] 机会主义论;[4] 抵制华盛顿的新自由主义的模式论[5]或建立抗衡美国单级世界的联盟论;[6] 金砖国家终结论[7]等。有学者指出,巴西、印度和中国属于"新兴"的"崛起中的大国",正在由全球边缘走向中心,而俄罗斯既非"新兴"也非"崛起"的大国,长期以来处于欧洲的边缘位置。正因为如此,俄罗斯能够为金砖国家的发展提供一条有吸引力的道路。这条道路不仅能够发挥俄罗斯的权限,而且还能够增强处

---

[1] Alexander Sergunin. Understanding Russia's policies towards BRICS: theory and practice.

[2] Давыдов В. М. Экзамен кризиса для БРИК//Латинская Америка, 2010 № 7. 转引自蔡同昌:"俄罗斯人如何看待'金砖国家'?",《俄罗斯中亚东欧研究》2012 年第 1 期。

[3] Stephen Blank, "Russia's Geo-economic Future; The Security Implications of Russia's Political and Economic Structure," *The Journal of Slavic Military Studies* 24, no. 3 (2011), 351 – 95; Matthias Schepp and Gerald Traufetter, "Riches at the North Pole: Russia Unveils Aggressive Arctic Plans," *Spiegel Online International* (January 29, 2009), www.spiegel.de/international/world/riches-at-the-north-pole-russia-unveils-aggressive-arctic-plans-a – 604338.html; Stephen Walt. "The Bad Old Days Are Back", *Foreign Policy*, May 2, 2014, http: //foreignpolicy.com/2014/05/02/the-bad-old-days-are-back/.

[4] Cynthia Roberts, "Building the New World Order BRIC by BRIC", *The European Financial Review*, February-March 2011.

[5] Peter Rutland, "Neoliberalism and the Russian tradition", *Review of International Political Economy*, 2013, Vol. 20, No. 2, pp. 332 – 362.

[6] Angela E. Stent, *The Limits of Partnership*: *U.S.-Russian Relations in the Twenty-First Century*, Princeton, NJ, Princeton University Press, 2014.

[7] Kenneth Rapoza, *BRICS*: *More Relevant Than Ever*, Washington, DC, Center on Global Interests, July 2015, p. 1.

在全球边缘地区讨价还价的能力。① 英国肯特大学政治学与国际关系学院教授 R. 萨科瓦则指出,金砖国家的出现,使得俄罗斯不再幻想与欧盟一道建立平等的、多元的"泛欧洲",而是与新兴经济共同体实践世界政治多元化的理想。②

国内学者们已发表的有关文章中,很少用"战略"一词来描述俄罗斯对金砖国家的思考。③ 笔者认为,从历史上看,俄罗斯对金砖国家有着深远的地缘政治战略考虑,它对金砖国家的外交战略不是军事扩张或者防御,该战略能够俄罗斯外交政策对当今世界全球化,而其主要目的是为了维护和发展本国政治经济体制发展空间。

◆ 一、金砖国家成立时俄罗斯的战略思考 ◆

2009 年 5 月,在俄罗斯的倡议下,金砖国家安全对话在莫斯科举行。6 月,金砖国家领导人首脑峰会在俄罗斯叶卡捷琳娜堡举行,标志着金砖国家正式形成。很多学者将这一想法追溯到 2001 年高盛集团首席经济学家吉姆·奥尼尔提出"金砖四国"的概念,然而这并不能说明俄罗斯积极推动金砖国家成立的真正原因。实际上,俄罗斯对这些金砖国家的外交在概念提出前就已经有战略倾向。这次

---

① Amrita Narlikar, "Introduction: Negotiating the Rise of New Powers", *International Affairs*, 2013, Vol. 89, No. 3, pp. 561 – 576.
② R. 萨科瓦:"金砖国家和泛欧洲的终结",《俄罗斯研究》2015 年第 5 期。
③ 如冯绍雷:"从乌克兰危机看俄罗斯与金砖国家相互关系的前景",《国际观察》2014 年第 3 期;肖辉忠:"试析俄罗斯金砖国家外交中的几个问题",《俄罗斯研究》2012 年第 4 期。

调整要追溯到戈尔巴乔夫的"新思维"外交政策。

戈尔巴乔夫外交"新思维"提倡，核时代和平共处，尊重各国领土和主权完整，倡导国际关系应该考虑利益均衡，排除对外政策中使用武力。戈尔巴乔夫放弃了苏联长期以来奉行的霸权主义。苏联单方面放弃东欧势力范围，同意德国统一，以求得建立有俄罗斯参与的泛欧洲联盟。"新思维"重新界定了苏联传统的安全观念，这表明苏联最高领导层内部已经意识到真正的威胁不是资本主义国家的存在，而是来自苏联国内人民生活水平低下。

苏联外交战略的转变有着深刻的历史原因。俄罗斯地缘环境的复杂性，使得俄罗斯历史上处于被征服与对外扩张的历程中，也增加了俄罗斯民族的不安全感。十月革命后，苏联将自己的对外战略目标定位为取代资本主义。二战的爆发更是使得苏联领导人相信，资本主义处于总危机中，资本主义国家之间的矛盾不可避免地导致战争的爆发。苏联不惜使用武力推行其世界革命目标，然而却牺牲了其他国家的民族利益。苏联不惜一切代价与美国展开军备竞赛，结果，到勃列日涅夫时苏联的进攻性外交使其四面树敌。苏联西边有法国、德国、英国与美国等强大对手，东方有日本、中国与美国等国，在南边则是动荡的穆斯林世界。而苏联本身也陷入军事竞赛膨胀产生的恶性循环中，经济发展模式粗放，人民生活水平降低。

正是戈尔巴乔夫时期的苏联认识到现实中的苏联不会受到外敌入侵，才逐步地对外开放，实现国际关系非意识形态化。苏联优先选择处理好与地区性大国的关系。在亚洲，莫斯科试图建立苏联—印度—中国三角战略关系。1986 年 11 月，戈尔巴乔夫亲自访问印度。苏印签署了"德里宣言"和"经济技术新协定"等协议。1989

年 2 月，苏联从阿富汗撤军，成为中苏关系改善的重要因素；5 月，戈尔巴乔夫访华，苏中关系正常化。苏中双方奉行和平外交政策，支持联合国在国际事务、裁军、解决全球性问题以及地区冲突等方面发挥重大作用，并希望能够建立新的国际经济新秩序。在拉丁美洲，1987 年苏联外长访问巴西等国。1988 年，巴西总统若泽·萨尔内访问苏联，双方发表《和平与国际合作原则宣言》。1991 年苏联解体，巴西是拉丁美洲第一个承认俄罗斯为苏联合法继承国的国家。

在非洲，戈尔巴乔夫于 1986 年在克里姆林宫正式会见了南非唯一的执政党非国大主席坦博，这是苏联最高领导人第一次会见非国大第一把手。随后一年，非国大驻莫斯科代表处宣布成立，代表非国大与苏联建立正式关系。俄南关系的雏形在 80 年代已定："苏联的同盟军战略和非国大的多元化战略产生了良好的互动，为南非的民主改革创造了较为适宜的环境，但对苏联在新南非创建中的作用不宜高估。事实上，苏联与非国大的关系在 80 年代末趋冷，直接影响到此后的俄南关系。"[①]

苏联自我孤立于迅速的全球化之外，其教训是深刻的，苏联/俄罗斯对金砖国家外交政策的转变具有深远的战略思考。戈尔巴乔夫时期苏联与在地区有影响力的大国建立了良好关系，试图实现国家关系非意识形态化，创建有利于经济发展的良好的外部环境。叶利钦一边倒的亲西方政策遭到西方冷落后，俄罗斯联邦总理叶·马·普利马科夫又明确提出俄中印"战略三角"的构想。普京治下的俄

---

① 潘兴明：《俄罗斯与南非关系的历史考察——以苏联与非国大关系为视角》，《俄罗斯研究》2012 年第 4 期。

罗斯，吸取了苏联时期的四面树敌的教训，试图发挥俄罗斯地跨欧亚，连贯东西、南北的优势，很大程度上继承了戈尔巴乔夫的外交遗产。

俄罗斯联邦 2000 年 6 月的《对外政策构想》中指出，它将"致力于构建国际关系的多极化体系，使其能切实反映当今世界的多样性及利益的多元化"，暗示着俄罗斯外交政策的新转向。一年后，高盛集团首席经济学家吉姆·奥尼尔在题为《全球需要更好的经济之砖》的研究报告中，首次提出"金砖四国"概念，这主要是指俄罗斯、巴西、印度和中国四个国家是在未来最具有投资机会的新兴市场。实际上，这个提法刚好与俄罗斯外交战略调整契合。

俄罗斯对金砖国家建立的考虑更多是从地缘政治层面出发的。2004 年，俄罗斯科学院拉丁美洲研究所召开专门研究新兴国家崛起的会议，称金砖国家首要也是最重要的结果会影响到世界新秩序的创建。① 俄罗斯改变了传统军事扩张的手段，借助巴西、印度和中国这些新兴力量，增强其国际地位的力量。俄外长谢尔盖·拉夫罗夫说道："对于俄罗斯来说，金砖国家首要是一个地缘政治联合。"②

金砖国家不满西方主导世界，不满冷战后美国和北约联盟频繁的军事行动，均试图增强自己在地区的影响力。这一点对于俄罗斯恢复 1991 年苏联瓦解造成的元气大伤起着重要的作用。当叶卡捷琳娜堡峰会之后，许多学者和观察家纠缠于哪个国家是领头羊时，俄

---

① Rachel S. Salzman, "From Bridge to Bulwark: The evolution of Brics in Russian Grand Strategy." *Comillas Journal of International Relations*. 2015.
② Alexander Sergunin. Understanding Russia's policies towards BRICS: theory and practice.

罗斯领导人真正关注的是金砖国家是否能够持续，即俄罗斯的提议是否能够得到中国、印度和巴西的持久支持。俄罗斯一开始就试图使其机制化。2011年南非的加入，已经超出了吉姆·奥尼尔"金砖四国"的全球经济新兴国家的范畴，从而使得"金砖国家"真正成为有着地缘政治影响力的集团。

◆ 二、俄罗斯对金砖国家的战略布局、措施及成效 ◆

从俄罗斯总统的重要讲话和俄罗斯联邦外交政策构想及其执行方面，可以看出俄罗斯对金砖国家的外交战略部署及其调整。2007年普京总统在国际安全政策年度会议慕尼黑安全会议上的讲话，透漏出对大西洋共同体拒绝将俄罗斯纳入欧洲安全体系的不满，标志着俄罗斯外交政策的重大转变。俄罗斯看好金砖国家在推进其世界多极化的外交政策中所起的积极作用，它能够给予俄罗斯作为新兴崛起国家的身份，这是亚太经合组织和G8集团无法给予的。这一思想也反映在2008年俄罗斯联邦的《对外政策构想》中。

俄罗斯2013年的《俄罗斯联邦加入金砖国家机制的构想》中，已经不再提"与美国构建战略伙伴关系"，确认了金砖国家在俄罗斯外交体系中的优先地位。构想指出，世界趋向区域性管理，"各个新的经济增长中心和政治影响力中心，更加频繁、更加自信地承担起处理本地区事务的责任。呈网状分布的各区域性机构和组织、各种贸易公约和其他经济条约，以及作用不断增强的区域性外汇储备等等"，①为此，俄罗斯将在"20国集团"、"金砖国家"、"八国集团"、"上合组织"、"俄印中三角"等框架下，进一步发展与世界各国的协作关系。俄罗斯对金砖国家的战略布局初步成型，具体而言如下：

首先，俄罗斯积极推动金砖国家经济合作机制。

2008年梅德韦杰夫签署的俄罗斯联邦《对外政策构想》指出，当今的全球竞争首先是"民主和市场经济的普世原则之下不同价值取向和发展模式之间的竞争"，要充分发挥"几大新的全球增长中心"的经济潜力，因为"传统的大型政治军事联盟已经无法应对形形色色的、以跨国跨境为基本特征的当代挑战和威胁"。这也即意味着俄罗斯看好金砖国家经济发展劲头，尤其金融危机以后，况且俄罗斯经济要实现高效的工业、更发达的服务业以及更完备的基础设施，需要与这些国家合作。

俄方表示，金砖国家间的合作机制是目前全球最具活力的新兴国家、经济体间的全新合作模式。俄罗斯外交部新闻发言人卢卡舍维奇在接受记者采访时说道："首先，如果考虑到金砖国家的货币购买力，那么2010年'金砖五国'的国内生产总值的总量已经接近全球的1/4；此外，五个国家的人口数量总量达到30亿人，这为世界都提供了一个庞大的市场和充足的劳动力资源。"② 他指出，金砖国家正在充当世界经济"火车头"的角色。

---

① Г·托洛拉亚，谢周译："金砖国家长期战略：俄方观点"，《俄罗斯文艺》2014年第1期。
② 俄官员称："金砖国家合作机制前景广阔"，国际在线，2011年4月7日。http://gb.cri.cn/27824/2011/04/07/5187s3210258.htm。

2013年俄联邦公布的《俄罗斯联邦加入金砖国家机制的构想》提出，构建一个更加公正、稳定和高效的国际金融货币体系，以改善俄罗斯和其他成员国发展经济、构建金融体系的外部条件。该构想指出，针对联合国和其他国际组织（尤其是国际货币基金组织）重大问题协调立场，金砖国家应加强组织内部的联系，尤其是科技领域的联系。

截至目前，旨在资助金砖国家以及其他发展中国家的基础设施建设的金砖国家新开发银行已经正式运行。俄罗斯与其他金砖国家于2015年已经签订了《金砖国家经济伙伴战略》，其成为在贸易、投资、矿藏加工、能源、农业、科技和创新等领域合作的关键指南。

其次，俄罗斯将利用金砖国家组织使其成为联系发达国家和发展中国家的桥梁，成为世界格局中特有的一级。俄罗斯与美国、欧盟相比，实力远远落后，深感美欧的真正实力与战略的压力。俄罗斯为自己的声音和利益不被美国和欧洲重视感到懊恼。在2012年大选前夕，俄罗斯总统普京就发表一篇文章指出，俄罗斯将继续实行"优先对待与金砖伙伴国家之间的协作关系，这一创建于2006年的独特机构，最直观地表明了单级世界向更公正的世界机制的转换"。以此强化俄罗斯外交政策的多向度。

尽管这样，俄罗斯自视为欧洲国家，它很清楚自身在政治、军事和资源领域比其他金砖国家占有优势。俄罗斯是安理会常任理事国、八国集团的成员国，在核武器领域与美国平起平坐。俄罗斯拥有传统的军事技术优势。俄罗斯自认为城市化水平、国民教育水平接近甚至超过它的欧洲邻国，它的经济模式是"向国民负责的""西方式福利的、民主的和发达的国家""他们（金砖国家）面对自己的民众没有这些义务和责任，他们可以牺牲民众的利益来达到目标"。[①] 尤其是在金融危机到来之前，俄罗斯甚至提出要成为世界金融中心的口号。金融危机后，俄罗斯对自身的经济领域开始缺乏自信，但依然强调俄罗斯经济在金砖成员国之中占有一席之地。有俄罗斯学者称俄罗斯是金砖国家中的领头羊。而且，俄罗斯可以借助金砖国家扩大自己在语言、文化和信息领域作为世界大国的影响力。

这样，俄罗斯最初设想的金砖国家并不仅仅是增强其影响力的跨国组织，而是能够增强俄罗斯在西方机制中影响力的一座桥梁。俄罗斯不认为金砖国家属于南南合作形式，是发展中国家的联合，而是希望金砖国家成为一种新型的国际组织，能够超越以往的"东—西"或"南—北"障碍；金砖国家不应被南北之间桥梁的角色、南南政治空间等所限制。[②] 目前金砖国家组织的合作只在建立议题性连线，但俄罗斯希望金砖国家能够成为全球经济新战略的孵化器，能够成为新的国际组织之一，为全球经济提供新的可持续发展战略模式。

再次，俄罗斯在金砖国家组织中发挥其大国协调能力，并且依托它更好地发展双边关系。俄罗斯也承认中国已经成为金砖国家的重要参照系，中国对巴西、印度和南非具有重大的影响力，且不同于巴西、南非的西半球国家身份，属于特有的东方文化。俄方对中国的崛起表现出了担心，《全球事务中的俄罗斯》主编卢基扬诺夫

---

① 肖辉忠：《试析俄罗斯金砖国家外交中的几个问题》，《俄罗斯研究》2012 年第 4 期。
② Sergey Lavrov, "BRICS: a new-generation forum with a global reach", in John Kirton, MarinaLarionova ed., BRICS: The 2012 New Delhi Summit, pp. 12 – 13.

言,最大的问题是无论政治、地理还是文化上,东方都正在中国的领导下重构新兴实体。[1]

因此,俄罗斯努力发展与中国的战略伙伴关系,同时努力不让金砖国家变为"中国项目"。俄罗斯利用金砖国家同时调和以中美为主导的、具有压倒性的传统双边关系。俄罗斯提出各种金砖国家的积极方案,并使其付诸实行及机制化。用前外交部长伊万诺夫的话来说,俄罗斯的优势是智慧,俄罗斯要在国际关系中承担设计者的角色,这样即或生产者(中国)人数多、阵势大,主导权仍在设计者那里。[2]

在金砖国家中,俄罗斯积极发展和巴西的关系,巴西对俄罗斯提出的金砖国家合作倡议给予了积极正面的回应。俄罗斯特别清楚巴西希望借助金砖国家组织实现其从地区大国走向世界大国之梦,并且谋求成为联合国安理会常任理事国。巴西与俄罗斯没有在亚洲的地缘政治利益冲突,而且巴西在金砖国家中属于薄弱环节,不会构成对俄罗斯的威胁。具有推动世界新秩序改革的全球治理事务是双方合作的重点。

印度与俄罗斯有着传统友好的关系,被俄罗斯看作是两个国家之间发展最典型的代表,因为其政治制度、文化、人种各不相同。印度也希望借助金砖国家成为世界大国,成为安理会常任理事国。但印度内部政治力量太过于分化,对实现金砖国家计划的政治意愿表现出很大的摇摆。俄罗斯对印度在短期内成为金砖国家的重要推

---

[1] R·萨科瓦:"金砖国家和泛欧洲的终结",《俄罗斯研究》2015年第5期。
[2] 肖辉忠:"试析俄罗斯金砖国家外交中的几个问题",《俄罗斯研究》2012年第4期。

动力不抱有希望。但是，俄罗斯保持着对印度在金砖国家发挥重要作用的期望。

总的说来，这是俄罗斯外交在饱受以意识形态和社会制度划线后，开展的全方位的、灵活的、务实的软实力外交。俄罗斯前外长、现任俄罗斯国际事务委员会主席伊万诺夫指出，数百年来俄罗斯在欧亚大陆上第一次遇到了超过自己的对手，即中国和印度。这意味着俄罗斯使用传统的军事和经济外交工具的能力将逐渐降低，俄罗斯不得不发掘自己非物质向度的优势。俄罗斯推动金砖国家合作经济化，以消弭其他国家迅速发展造成的相对下降，谁也不敢将俄罗斯看成是个失败者。

俄罗斯当初出于地缘政治因素考虑，与这些国家建立起了友好的关系，如今五个国家在经济领域的合作先行，且具有一定的规模。学者辛西娅·罗伯茨有着精辟的表述，"金砖国家被证明是一个精明的设计，成本极低，机制灵活，可能也是莫斯科近年来最为聪明的外交政策之一。"辛西娅·罗伯茨还指出，"俄罗斯发动组建了一个团队，来实现改革国际机制的目标；这种方式与莫斯科依靠武力和强权对待邻国的名声大不相同。金砖外交也巧妙地利用了中国的经济实力，来帮助提升四国的地位，特别是俄罗斯的地位，并把俄罗斯自身置于一个发展中的明星的地位。"[①]

有西方学者指出，乌克兰危机之后，金砖国家的作用已经从联

---

① Cynthia Roberts, "Building the New World Order BRIC by BRIC", *The European Financial Review*, February-March 2011.

系俄罗斯和发达国家的"桥梁"转变为反西方及其现有机制的"堡垒"。① 这种结论事出有因。

2014年，俄罗斯坚决争取乌克兰加入欧亚经济联盟，与欧盟决意将其纳入欧盟势力范围发生了冲突，导致乌克兰爆发了危机。俄罗斯吞并克里米亚，用自己的方式表明自身的地缘政治定位，明确将自己认定为独立于欧洲、美国的平起平坐的三大地缘政治板块之一。② 这导致了美欧对俄罗斯实施外交孤立、经济制裁、政治排斥。美欧暂停俄罗斯的八国集团的成员地位，停止了北约与俄的合作，暂停俄罗斯加入经济合作与发展组织以及国际能源署的进程。澳大利亚外长提出可能会禁止普京出席晚些时候的20集团首脑峰会。

金砖成员国除俄罗斯在2014年3月底联合国表决通过有关乌克兰问题决议时，都投了弃权票，反对西方使用制裁手段解决乌克兰危机。金砖国家针对澳大利亚提出的可能禁止俄罗斯出席20集团的言论指出，"20国集团的管理权平等地属于所有成员国，任何成员国都不能单方面决定它的性质与特征，敌对言论、制裁与反制裁以及武力的升级均无助于按国际法达成持续和平的解决方案"。③ 金砖国家的这一行动很大程度上被认为是金砖国家集体支持俄罗斯的立场。日本《外交学者》杂志3月31日撰文指出：令人吃惊的是，"金砖国家作为一个整体也都支持克里姆林宫"；"西方主宰的冷战

---

① Rachel S. Salzman, "From Bridge to Bulwark: The evolution of Brics in Russian Grand Strategy". *Comillas Journal of International Relations*. 2015.
② 冯绍雷：《从乌克兰危机看俄罗斯与金砖国家相互关系的前景》，《国际观察》2014年第3期。
③ 冯绍雷：《从乌克兰危机看俄罗斯与金砖国家相互关系的前景》，《国际观察》2014年第3期。

后时代结束了,这一点越来越明显。"① 这也是西方学者评论金砖国家成为俄罗斯反西方"堡垒"的缘由。

实际上,这次金砖成员国的立场不代表其与俄罗斯在国际政治问题上有着共同的政治目标。但能够说明金砖国家有着共同的内政担忧。金砖国家抵制西方以"领土主权完整和统一"原则来掩盖长期肢解金砖国家成员国的事实。这至少表明金砖国家不愿意与西方一道来孤立俄罗斯。这点,俄罗斯表示感激。

乌克兰危机后,金砖国家的表现使得俄罗斯坚定并完善其对金砖国家政策。除了要提升金砖国家在世界政治中的影响力之外,金砖国家被赋予了新的功能,即在国际安全领域的合作。2015年3月30日,俄罗斯在正式成为金砖国家轮值主席国的媒体吹风会上,外交部金砖国家事务特别大使卢科夫直截了当地指出俄对金砖国家发展方向的期待,即金砖国家不仅是高速增长的经济联合体,更要成为国际关系改革者的同盟。② 美欧对俄罗斯连续的政治威胁和经济金融制裁,助推了金砖国家安全理念的接近。在俄罗斯看来,金砖国家理所当然、也必不可免地要更多地具有地缘政治的色彩,③ 金砖国家实际合作正在经历着转型,即从最初的经济领域合作转向政治安全领域,金砖国家在国际重大问题上进行协调,无疑已经超出了单

---

① 引自日本《外交学者》杂志 2014 年 3 月 31 日副主编扎卡里·凯克的文章:"为什么金砖国家在克里米亚问题上支持俄罗斯"。转引自冯绍雷:"从乌克兰危机看俄罗斯与金砖国家相互关系的前景",《国际观察》2014 年第 3 期。

② Вадим Луков, БРИКС-это альянс реформаторов в международных отношениях. http://brics2015.ru/transcripts/20150330/29159.html, 2015 年 4 月 6 日。

③ 冯绍雷:"从乌克兰危机看俄罗斯与金砖国家相互关系的前景",《国际观察》2014 年第 3 期。

一的国际经济合作的涵义。

◆ 三、影响俄罗斯金砖国家战略的主要因素 ◆

第一，俄罗斯官方推行金砖国家机制化的意志。

在世界格局暂时不发生巨大变化的情况下，俄罗斯的金砖国家战略取决于俄罗斯官方推行机制化的意志。俄罗斯政府支持下一批研究金砖国家的重要的智库队伍出现，俄罗斯世界基金会、俄罗斯外交部下属国际关系学院、俄罗斯科学院远东所、俄罗斯科学院拉美所、俄罗斯国立高等经济研究大学等等，它们为政府的金砖国家外交战略出谋划策。这些智库对金砖国家的研究非常活跃，这与俄罗斯政府的支持有着密切的关系。

根据俄罗斯总统的指令，俄罗斯世界基金会和俄罗斯科学院牵头，俄罗斯外交部协助，于2011年在莫斯科成立专门的"金砖国家研究国家委员会"。该委员会的主席是俄罗斯科学院远东所所长季塔连科，俄罗斯世界基金会主席尼科诺夫负责委员会的管理工作。该委员会负责协调分散在俄罗斯各地、各部门和研究机构的研究力量，开展专门针对金砖国家在国际政治与经济中的地位与作用研究。俄罗斯金砖国家研究委员会执行主席格·达·托洛拉亚发表了俄方对金砖国家未来的期待："金砖各国的远期目标想必应该是：将该组织从一个非正式的对话论坛、一个针对小范围问题协调立场的工具，逐步转变为一个针对世界政治、经济关键问题进行战略协作和定期互动的完备机制"。①

俄罗斯官方在国内构建俄罗斯民族对金砖国家身份的认同。据研究，在2013年1月1日到2014年12月31日，俄罗斯综合报道内容中，53%的报道内容与金砖国家事务相关，包括对金砖峰会、金砖银行的建立和资源分配、金砖国家经济发展与合作、金砖国家人口老龄化、贫富差距拉大等社会问题等的报道。38%的报道内容与俄罗斯本国事务相关，即在金砖国家合作机制中的俄罗斯经济发展、教育合作及科学技术合作的报道。其他9%与国际事务相关，涉及对乌克兰危机中金砖国家的态度等的报道。② 俄政府意识到要实行使用软实力的"智慧"外交，转变俄历史上"欧洲宪兵"的做法。所有这些都可以成为观察俄罗斯金砖国家战略的因素。不过，俄罗斯通过政府的力量来推动软实力，远未达到理想效果，这也局限着它外交战略的实施。

第二，俄罗斯经济实力。

俄罗斯目前的经济实力制约着俄罗斯金砖国家战略的施展并引起外界对其战略的质疑。俄罗斯经济发展严重依赖自然资源的出口。2014年上半年，其出口到独联体以外的国家的商品构成中，燃料动力依旧是最主要的出口品，比例高达73%，其中主要为石油、天然气和其他矿产品。更为严重的是，国际能源市场价格一路低迷，造成俄财政收入和外汇储备一直减少，卢布汇率也大幅贬值。俄罗斯

---

① Γ·托洛拉亚，谢周译："金砖国家长期战略：俄方观点"，《俄罗斯文艺》2014年第1期。
② 郑华、程雅青："俄罗斯对金砖国家身份的建构——基于俄主流媒体涉金砖报道的分析2013—2014"，《俄罗斯研究》2015年第6期。

投资环境的竞争力不如金砖其他国家，因为其人力资源少、经济管理水平较低。2016年俄罗斯的经济延续下跌趋势，但速度趋缓，经济增长缺乏动力。[①] 俄罗斯经济实力有限，综合国力不强，所以在金砖国家战略的实施上也会处处掣肘。

第三，俄罗斯金砖国家战略决策的国际形势。

从长远来看，国际格局在某种程度上决定着俄罗斯金砖国家战略的走向。

俄罗斯与美欧关系持续恶化，俄罗斯将金砖国家列入其外交政策优先选择范围内。苏联解体以后，原苏联加盟国加入北约和欧盟，这引起了俄罗斯的不安。乌克兰危机爆发后，美欧对俄制裁不断加码，俄罗斯与美欧关系全面恶化。双方在叙利亚、打击"伊斯兰国"等问题上进行紧张博弈，在北约同意接收黑山为成员国后，将继续挤压俄罗斯在巴尔干地区的战略空间。这种关系改变着俄罗斯的外交优先选择，给予金砖国家更大的合作空间。

就金砖成员国内部而言，成员国之间需要深层次的对话机制。然而，金砖国家政治经济体制各不同，没有共同的文化和文明背景，这为金砖国家成为举足轻重的国际组织之路增加了一些障碍。这些都局限着俄罗斯金砖国家战略的实施。

[①] 徐向梅："2016年俄罗斯经济发展特点"，中国社会科学网—中国社会科学报，2017年1月12日，http://ex.cssn.cn/gj/gj_gjwtyj/gj_elsdozy/201701/t20170112_3381039_1.shtml。

印度的金砖国家战略

Badar Alam Iqbal* Mohd. Nayyer Rahman**
Abdul M. Turay***
李智婧**** 译

苏联与西方集团冷战结束后,各国面临相对乐观的状况。布雷顿森林体系的崩溃迫使各国重新考虑个人主义,各国开始超越民族优越感而倾向于以区域为中心的发展方式。在此背景下,各国开始形成基于经济或政治因素的各种集团。这些集团最初建立在自由贸易区和军事共享的基础上,并逐渐演变。这些发展变化也见证了国家间如何由一个或多个目的联系建立起正式合法的集团。20世纪90年代以前,发展中国家和不发达国家信心不足、资源缺乏,但这并不能说明这些国家没有做好成立集团的准备。2001年,高盛公司一

---

* Badar Alam Iqbal,博士,美国肯塔基州立大学商学院教授,研究方向为金砖国家。
** Mohd. Nayyer Rahman,博士,阿里格尔穆斯林大学商学系博士后,研究方向为金砖国家、国际商务。
*** Abdul M. Turay,博士,美国肯塔基州立大学商学院教授,研究方向为金砖国家、国际经济。
**** 李智婧,硕士,四川外国语大学国际关系学院讲师,研究方向为英国政治与外交。

个名叫奥尼尔的研究员提出了他的研究报告《建立更好的全球经济金砖四国》。① 这份报告强调金砖国家整体经济潜能突出，预计到 2050 年将超过八国集团（法国、德国、意大利、英国、日本、美国、加拿大、俄罗斯八个发达国家组成的集团）。这项研究推动了关于建立这样一个集团的讨论，随后第一次金砖国家首脑会议于 2009 年召开。不久，南非也被纳入集团，金砖四国（BRICs）在 2010 年改称金砖国家（BRICS）。

从那时开始，金砖国家已成为一个强大的群体。在金砖国家能否被称为一个联合集团的问题上，大多数研究者持怀疑态度，但他们确信金砖国家的合作计划是以改革世界经济体系为目标的，这在建立新开发银行（金砖国家开发银行）的过程中已是显而易见。自新开发银行以 1000 亿美元的注册资金在 2013 年正式成立以来，它已投资 15 亿美元于绿色项目。② 研究人员和决策者们认为，简单看来，新开发银行反对多边金融机构向发达国家倾斜的政策。从地缘政治格局看，金砖国家的形成无论是在亚太地区还是国际层面都产生了很大的影响。这也许是因为金砖国家成员也是二十国集团成员，一些金砖国家成员还在八国集团中。金砖国家之间的合作计划给同一地区其他国家带来过不愉快的经历。比如在亚太地区，由于金砖国家的谈判，巴基斯坦和斯里兰卡在一定程度上被孤立。在国际层面，发达国家想通过自由贸易协定和军事合作使该地区成为单极的。

---

① J. O'Neill, (2001). Building better global economic BRICs. Retrieved from http://www.elcorreo.eu.org/IMG/pdf/Building_ Better_ Global_ Economic_ Brics.pdf.
② BRICS. (2013). Agreement on the New Development Bank-Fortaleza, July 15. Retrieved from http://ndb.int/download/Agreement%20on%20the%20New%20Development%20Bank.pdf.

由于金砖国家的社会经济状况存在着巨大的差异，关于金砖国家的存在还有一些先入为主的观念。例如，中国和其他金砖国家之间的GDP差异巨大，而且平均寿命和受教育率方面的情况也是如此。这些争议都指向一个事实，即金砖国家的合作计划在面临挑战。

◆ 一、印度加入金砖国家的原因 ◆

最初，奥尼尔（2001）研究报告的发表使印度决策者开始认为加入金砖国家是潜在的合作机会。在这之后，2006年联合国大会中的非正式会议影响深远。这次外交部长和代表团之间的初步会谈旨在探讨金砖国家的潜力。[①] 印度迫切需要一个有利于发展中国家而非偏向发达国家的组织，俄罗斯、中国和巴西也都有自己关注的利益。俄罗斯的立场在第一次金砖国家首脑会议（2009）新的国际储备货币通过中得以体现。中国希望改革国际经济秩序，但其意识形态和思维方式不允许他们以激进的方式去处理。巴西面临国内投资危机，国际资本显得非常昂贵。这些立场都导致金砖国家形成了发展中国家在关键问题上进行合作的自然倾向。

重大转折出现在2007年中，当时美国次贷危机开始蔓延，发展到全球经济危机的程度。发展中国家感受到这场经济灾难的灼伤，开始重新思考全球经济环境。由于次贷危机及其溢出效应，国际经

---

① BRICS. (2016). Meeting of BRICS Ministers of Foreign Affairs. Press Release. Retrieved from http: //brics2016. gov. in/upload/files/document/58006becb3d13PressRelease. pdf.

济秩序的动荡促成了首届金砖国家首脑会议于 2009 年在俄罗斯召开。第一次峰会过于关注经济秩序，谈到了新的国际储备货币，但这个激进的声明在后来的首脑会议中有所退步。在世界经济危机的背景下，这次会议在安抚发展中国家的同时也要求他们合作起来。印度以和发展中国家加入联合国贸易暨发展会议相似的态度加入金砖国家。印度还预计，未来国际货币体系的变化可能不利于发展中国家或者不代表发展中国家的看法，因此需要建立一个能为目前国际货币体系带来改革的新平台，新开发银行应运而生。进一步看，印度加入金砖国家的原因可分为政治原因、经济原因和社会原因。

（一）政治原因

印度政治自由化的历史（政治激进主义超越传统联盟）奇怪地和其经济自由化相碰撞。20 世纪 90 年代以来，印度对世界其他国家的政治态度显示，印度参与了多方面的政治活动。由于政权的改变，这些动态直到最近才显现出来，一些趋势值得研究。90 年代后期，印度并未完全遵从传统的不结盟方式，其与美国、英国和其他北约国家的外交关系显而易见，2005 年印美民用核能协议就是最好的例子。在国内，印度因开放与美国的结盟而受到批评，即便如此，它仍继续处于犹豫和含糊的状态。印度与以色列（流氓国家）的联系也在加强（传统中，印度总是对以色列有负面的印象）。两国空前地进行联合军事演习、互访、签署备忘录等，然而奇怪的是，在联合国大会上印度又几次投票反对以色列侵犯人权的行为。总的来说，印度希望参与到多极世界，拥有分享多方权力的选择，因此金砖国家是印度与发达国家和发展中国家平衡政治格局的天然选择和机遇。西方霸权被认为已到达顶峰，现在是金砖国家引人注目的时机。[1] 由于天然的政治优势，金砖国家在国际政治秩序中的声望越来越高。[2]

（二）经济原因

印度在 20 世纪 90 年代开始自由化的道路，自那时起扩大视野。发展经济需要通过自由贸易协定和经济合作，印度已是南亚区域合作联盟和世界贸易组织的成员国之一。作为这两个组织的成员，印度进一步向世界其他地区开放。借助成为多边组织的一部分，印度与世界其他国家整合的好处是显而易见的，从发展的角度看，金砖国家的出现是印度的大好机会。最初这个非正式团体就包含了俄罗斯和巴西，它并不受地区的局限，因此金砖国家潜在的经济利益吸引了印度加入。评估显示，自 20 世纪 90 年代以来，金砖国家的宏观经济表现好于世界平均水平。[3]

---

[1] L. E. Armijo, (2007). The BRICs countries (Brazil, Russia, India, and China) as analytical category: mirage or insight?. Asian perspective, 7-42. Retrieved from http://www.jstor.org/stable/42704607.

[2] M. Vom Hau, J. Scott, & D. Hulme, (2012). Beyond the BRICs: alternative strategies of influence in the global politics of development. The European Journal of Development Research, 24 (2), 187-204. doi: 10.1057/ejdr.2012.6.

[3] B. A. Iqbal & M. N. Rahman, (2016). BRIC (S) as an Emerging Block?. In The Challenge of Bric Multinationals (pp. 227-245). Emerald Group Publishing Limited. doi: 10.1108/S1745-886220160000110012Z.

（三）社会原因

发展中国家面临着一系列不平等的社会问题（性别、阶层、信仰、人口、教育等）。这些问题是发展中国家特有的，发达国家的解决方案可能会脱离实际。印度有着和其他金砖国家同样的观点：发展中国家可以互相理解，并能一起找到解决相同问题的方案。这促使印度赞同并加入金砖国家。诸如人口、贫困和教育等金砖国家普遍面临的问题在印度并没有本质的区别，这也是推动印度成为金砖国家一员的原因。

二、印度对金砖国家的政治策略

为了更深入地探讨印度的策略问题，有必要了解一下金砖国家的政治目的。金砖国家已被确认为由几个利益冲突的异质国家组成的团体。然而，以保护主权和打破西方霸权为目的的政治目标是他们的中心。金砖五国的政治策略并非反西方，而是反单极世界。[1] 至少一部分金砖国家拥有共同的目标。印度也是如此，自加入金砖国家以来，印度的策略多变且灵活，不可控制的外部和内部因素都是其原因。外部因素包括地缘政治变化、区域政治政策等；内部因素

---

[1] Laïdi, (2012). BRICS: Sovereignty power and weakness. International Politics, 49 (5), 614 – 632.

则包括政党变换、大规模腐败显露等。下文将详细阐述影响印度政策的内外部因素来帮助理解。

（一）影响印度策略的外部因素

外部因素是决定印度策略的重要因素，包括世界多极化、区域力量平衡以及国际政治秩序。就第一个因素来说，作为一个发展中国家，印度一直支持世界多极化并希望能从中受益。从历史上来说，印度是不结盟运动的签约国，因此明白作为中立力量的利与弊，即时而有利，时而有弊。因此，印度的策略始终是通过与不结盟国家结盟来维护世界多极化。印度成为并将持续作为金砖国家的一国，直到确定金砖国家会加重世界多极化。假如事实并非如此，印度将重新考虑是否加入金砖国家。第二个十分重要的因素是区域力量平衡。在金砖国家中，亚洲的俄罗斯与中国是联合国安理会常任理事国。在亚洲地区，印度与中国存在两个冲突，一个是锡亚琴地区，一个是中国与巴基斯坦的关系。的确，中国已成为地区的超级大国，这对印度来说是一种"威胁"。印度希望向地区其他国家显示自己也将成为超级大国，以维护地区力量平衡。这是印度加入金砖国家的政治策略。

另一方面，国际政治秩序也极大地约束了印度的政治决策。世界不同国家已在当今国际政治环境中达成多个共识。中国对国际政治环境影响颇深。俄罗斯和巴西也对全球政治秩序形成较大影响。从历史上来说，印度比其他金砖国家对经济秩序更感兴趣。印度需要广泛参与到政治活动中，而金砖国家是一个安全港。因此，印度理所当然地加入金砖国家,这符合它们的利益。或许有人会说,印度除了加入别无选择。这种说法低估了印度的影响力,印度随时有可能使金砖国家的影响力下降(正如2016年他们在南亚区域合作联盟峰会所做的一样),虽然它并没有这样做。由于巴基斯坦并不在金砖国家之列,印度可以借助金砖国家这个平台和机会与中国建立良好关系。

(二)影响印度策略的内部因素

政治力量与腐败问题是影响印度对金砖国家立场的最重要因素。自独立以来,印度绝大多数时间由联合政府领导,极少有完整的多数派政府。掌权政府决定了对金砖国家的策略。两个主要联盟是全国民主联盟和团结进步联盟。团结进步联盟自2004年起掌权,十年期间发起了金砖国家集团,并见证了其飞速发展。团结进步联盟一直看好金砖国家,信任发展中国家并与其建立政治联盟。他们对中国采取软策略,并相信通过金砖国家能与其实现和平共处。然而,全国民主联盟不这样认为。目前印度人民党(全国民主联盟主要政党)以多数掌权,他们的策略与团结进步联盟相反。全国民主联盟对邻国采用侵略性方法,对其选民进行安抚并灌输真正的民族主义的概念。因此,在全国民主联盟/印度人民党当权时期,印度政治策略为征服邻国,只支持有助于其完成目标的国家。

印度腐败指数极高(2015年世界排名第76位),这是可悲的状况。腐败成为愚弄民众的工具,然而印度却少有解决此问题的行动。最近的废钞政策给予印度希望,腐败问题已经减少,未来将会大幅减少。2014年之前的十年国会当权期间，许多诡计暴露在民众面前。当权政党希望通过一个平台重申印度在改善腐败指数上已付出足够多的努力，并将在未来付出更多。这是为了使印度在全球占据更好的地位。金砖国家正是一个能够使印度每年都可宣布完成任务的平台。

◆ 三、印度对金砖国家的经济策略 ◆

自2009年加入金砖国家以来，印度旨在利用此平台实现进一步自由化，更深入地融入到全球化经济中，一般看来这就是印度的动机。然而，深入研究将揭示一个不寻常的模式，这个模式可以分为"固定策略"和"柔性策略"。印度固定策略总是保持不变，柔性策略则取决于多个因素，灵活多变。

（一）固定策略

印度对金砖国家的固定策略中有三个核心问题——自由化、私有化、全球化。所有金砖国家在集团建立时都对自由化表示感兴趣，并承诺大体自由化，特别是在金砖国家成员间。印度也持进一步自由化策略，与具有经济增长潜力的未来大国打交道。2009年后，发达国家很难回到两位数的增长率，属于金砖国家的时代已经来临。发达国家的自由化已经到达顶峰，因此现在是金砖国家的时代，或者简单地说，是发展中国家的时代。中国和俄罗斯长期以来都是印度的投资者，通过公私伙伴关系模式和私有制模式（合资企业等）对基础设施建设（民用及军事）做出巨大贡献。1991年印度经济激进自由化，大约十年后，印度从多种私有化形式中获利。印度希望继续实行这一政策，并在过去就对此展现浓厚兴趣。值得注意的是，1991年后，印度从"计划经济"变为"市场经济"，市场经济是任何经济联合体的必要部分。加入金砖国家，印度便有机会展示自己的"市场经济"形式。然而，后来伴随印度经济自由化而来的是收入不均。[①]

全球化是印度策略的另一个固定术语，印度已将全球化纳入其策略。印度坚定地认为，成为全球化世界的一部分是引导亚洲地区站在世界前沿的唯一现实途径。印度从中国得到经验，希望复制其开放策略。因此，印度制定了加入金砖国家的策略，使其经济进一步全球化。印度认为，全球化是商品、服务、人员以及理念的自由流通。另外，印度事先认识到，加入并支持金砖国家也将使这些项目在其他四个国家自由流通。如今有研究称，金砖国家的出现实际上是全球资本主义的前景。[②]

（二）柔性策略

印度柔性策略可追溯到金砖国家至今八次峰会的谈判结果中，

---

① U. Becker, (2013). The BRICs and emerging economies in comparative perspective: Political economy, liberalisation and institutional change. Routledge.

② W. I. Robinson, (2015). The transnational state and the BRICS: A global capitalism perspective. Third World Quarterly, 36 (1), 1 – 21. Doi: http://dx.doi.org/10.1080/01436597.2015.976012.

接下来会分析和强调关于峰会的详细事项。第一次峰会于 2009 年 6 月 16 日在俄罗斯叶卡捷琳堡举办，峰会背景是世界金融危机以及某些 G20 峰会采用的提案。金砖国家共同声明将遵守这些提案，同时强调，为了维护世界经济稳定，保护世界经济未来免受巨大经济危机的损害，国际金融环境需要彻底改变。印度利用峰会联合声明，批判西方国家没有承担起责任。印度对金砖国家热情高涨，在那时的策略是给世界发出信号（通过金砖国家）——金融经济架构需要改革。① 第二次峰会于 2010 年 4 月 15 日在巴西举行。从印度方面来看，之前的几个观点被重申，世界经济环境恢复得到赞赏。然而，金砖国家提出了一个关于印度的主要问题。2010 年 2 月，在欧盟债务危机影响下，印度货币（卢比）跌到最低点。② 预期的欧盟债务危机与美国 2009 年次贷危机有关。总的来说，印度认为这是受欧洲或美国等发达国家普遍危机的影响。因此，联合声明重申关于多边组织的政策。印度奋力争取区域货币协定，这对他们十分有利，也是印度对于卢比下跌采取的措施。③

第三次峰会于 2011 年 4 月 14 日在中国海南省三亚市举办。通过《三亚宣言》，金砖国家欢迎南非加入。在以"展望未来，共享繁荣"为主题的峰会中，印度的策略是提出一个观点，即让国际货

---

① BRICS Information Centre. (2009). Joint Statement of the BRIC Countries' Leaders. Retrieved from http://www.brics.utoronto.ca/docs/090616-leaders.html.

② A. Joshi, (2010). Rupee falls to 2010 low as stocks drop. Livemint. Retrieved from http://www.livemint.com/Money/oFCs3ghPKLWcoy3el020UO/Rupee-falls-to-2010-low-as-stocks-drop.html.

③ BRICS Information Centre. (2010). 2nd BRIC Summit of Heads of State and Government: Joint Statement. Retrieved from http://www.brics.utoronto.ca/docs/100415-leaders.html.

币基金组织听到他们声音。① 在世界肯定的联合声明中，印度也表示金砖国家对推动全球经济环境贡献巨大。更多听众以多种方式接收到的潜在信息是，印度正在对世界经济增长做出贡献。联合声明明确提出了印度非对抗性合作的立场，特别是在经济方面。印度关心并宣传的可持续发展以及平衡增长等热点话题也在联合声明中得到体现。通过联合声明，印度向世界传递了一个信息：印度需要在国际货币基金组织中获得话语权。同年，印度非正式地建议在国际货币基金组织和国际复兴开发银行以外建立金砖银行。这项建议令人兴奋，但需要得到其他所有金砖国家的确认。幸运的是，初步讨论商议后，金砖国家开发银行于 2012 年正式提出建立。②

对金砖国家以及印度来说，最大的一个成就是正式提出建立金砖国家开发银行。协议确保了金砖国家内的信贷工具将扩大到本国货币。从印度方面来说，这至关重要，因为它给予印度通过其他金砖国家贷款的内部动力来控制市场价格（部分）的选择。此外，印度明白这将减少内部贸易成本。第四次峰会于 2012 年 3 月 29 日在新德里举办，印度总理曼莫汉·辛格强调并在此确认了印度对金砖国家的承诺。在他的演讲中，辛格总理重申寻求开发金砖国家内部互补的需要。这十分有趣，因为若如此的话，印度将能够得到一个巨大的平台，以提升其经济活动的水平。印度再一次策略性地以当今全球经济状况为目标，同时反复声明印度及金砖国家做出的贡献。

---

① BRICS Information Centre. （2011）. Sanya Declaration. Retrieved from http：//www. brics. utoronto. ca/docs/110414 – leaders. html.
② BRICS. （2012）. Agreements between BRICS Development Banks. Retrieved from http：//www. brics. utoronto. ca/docs/120329 – devbank-agreement. pdf.

第五次峰会于 2013 年 3 月 27 日在南非德班举行，并正式建立金砖国家主办银行。宣言明确表示，新开发银行的目标是为基础建设和可持续发展项目提供资金。其他发展国家和新兴体也能获益。这项行动战略上对印度有利，它明确地告诉其他发展中国家和新兴经济体，与国际货币基金组织和国际复兴开发银行这类多边组织相比，金砖国家已做好准备将在更公平的基础上提供资金。财政部长委员会接受了应急储备安排。印度利用了第六次峰会，这次峰会于 2014 年 7 月 15 日在巴西福塔雷萨举行，并第一次举办了金砖国家与南美国家的会谈。在金砖国家的简短历史上，这是一次独特的会谈。印度对此十分热心，因为其中存在许多外包和对外直接投资的机会。印度通过这次机会强调了对国际货币基金组织经济改革未实施的担忧。这些改革注定长期有利于印度。

了解金砖国家经济策略的一个最近的文件是"金砖国家经济伙伴关系战略"，该文件于 2015 年 7 月 9 日在乌法举办的第七次峰会上提出。[1] 它涵盖了诸如贸易与投资、制造与矿物加工、能源、农业合作、金融合作等领域。它还说明了金砖国家对于与世界贸易组织及 G20 峰会关系的立场。在发达国家对发展中国家实行贸易壁垒和变相限制的背景下，金砖国家激励摆脱这些阻碍并将它们自己致力于国际经济环境中。印度希望摆脱美国对其制药公司的限制，并提出了这一目的。印度保持其立场，认为二十国集团是国际经济合作的首要论坛。

---

[1] BRICS. (2015). The Strategy for BRICS Economic Partnership. Retrieved from http://www.brics.utoronto.ca/docs/150709-partnership-strategy-en.html.

2014年后的几年里，由于全国大选，印度产生了政治悬念。最终，纳伦德拉·莫迪总理组建了政府。几个月后，印度未参加南亚区域合作联盟峰会，理由是巴基斯坦宣称加入恐怖主义，这将直接影响印度。这一戏剧性事件增加了印度与巴基斯坦的敌意。考虑到经济问题，印度想要在该地区孤立巴基斯坦。在果阿举办的第八次金砖国家峰会上，印度做了相同的事情。印度说服其他金砖国家与孟加拉湾多部门技术经济合作计划国家集团扩大合作，该集团由孟加拉国、不丹、印度、缅甸、尼泊尔、斯里兰卡以及泰国组成。这项经济策略将长期影响该地区。印度反复提出联合国及安理会改革的必要性。

◆ 四、印度对金砖国家的社会策略 ◆

除了极少例外，发展中国家的社会策略大多相同。在金砖国家内部，中国和俄罗斯人口最密集。在这三个国家中，印度与中国较接近，巴西与他们较远。人口密集为这些国家带来了极大挑战，并在他们的社会方法上清晰地体现出来。印度利用金砖国家平台公开批判社会弊病，比如贫穷、营养不良、气候变化、死亡率、社会不平等或不公平。这才只是提到的一小部分。印度与其他金砖国家联合起来以多种方式打击这些社会弊病。印度的策略是强调千年发展目标，同时将从理论方法和实证方法上强调并量化这些问题的实际情况。

研究者和决策者普遍认为，金砖国家内的社会指标大有不同，这一复杂问题需要得到适当解决。歧视这一社会问题在印度普遍存在，印度对此的策略是向其他金砖国家学习解决问题的经验。提高人民的教育水平是正确的方法。印度儿童与成人的读写能力在过去数十年里大有提升，但仍然是在绝对数量上的，很大一部分印度人依然是文盲。为了完成此目标，印度需要向其他发展中国家学习经验。金砖国家峰会是一个良好的机会，因此印度利用了这一平台。另一件对印度极为重要的事情是国内长期及恶性的普遍贫困。根据最新官方统计，印度贫困率为22%（2012），高于国际平均值12.4%。奇怪的是，巴西贫困率为12.6%（2016），俄罗斯为16%（2015），中国为6.5%（2012），南非为26%（2016）。印度和南非有着高贫困率，但从绝对数量上来说，印度贫困人口最多。因此，金砖国家给了印度提出此问题的机会，代表其他金砖国家提出解决方法。总体上，可以合理地说，印度的社会策略是控制，至少是最小化当前存在的社会弊病。

研究可得出结论，印度的金砖国家战略依然在改革阶段。印度并不希望当今国际经济环境发生巨大改变，也不希望改变其非对抗性合作的理念。因此，印度站在一个改革者的立场上。印度关于政治环境、经济政策以及社会参数的策略保持不变。金砖国家开发银行建立后，印度已经强大起来。最后可以总结加入金砖国家使印度收获颇丰。对金砖国家的经济策略，印度采用了固定策略以及柔性策略，每年的峰会中都可看到其灵活多变的对策。政治策略方面，印度受到了外部因素及内部因素的共同影响。

中国对金砖国家合作的定位、战略与措施研究

吴 兵[*]

2009年巴西、俄罗斯、印度和中国领导人在俄罗斯叶卡捷琳堡召开会议,并确定了每年一次的定期会晤机制,这标志着金砖四国[②]从一个经济学概念发展成一个合作对话平台。2010年,南非加入该组织,并改称金砖五国。金砖国家作为新兴大国的代表,同样也是其所在区域的重要力量。目前,金砖国家取得了长足发展,逐步获得了发达国家的认同。2015年金砖国家GDP达到16.523万亿美元,约占世界的22%。[③] 金砖国家的崛起不仅意味其综合国力的提升,而且标志着金砖国家在全球事务中的作用逐步从边缘移向中心。更重要的是,金砖国家的崛起将会推动不合理的国际社会利益分配格局和一些不合理的国际规则发生改变。

---

[*] 吴兵,博士,四川外国语大学国际关系学院教授,研究方向为中国外交。在本文写作过程中,四川外国语大学国际关系学院比较制度学专业的硕士研究生李兵和陈冬元负责了文献资料的搜集和整理,在此一并表示感谢。

[②] Jim O'Neill, "Building Better Global Economic BRICs", *Global Economics Paper*, No. 66, New York: Goldman Sachs, 2001.

[③] 参见世界银行网站,http://www.worldbank.org/。

在如何看待金砖国家的合作及其所取得的成就方面，中外学者众说纷纭，莫衷一是。樊勇明认为"金砖国家不仅在区域合作中展现了新的魅力，而且在国际政治中加强了政策协调和相互支持，为国际关系民主化提供了新的路径选择"。① 杰克·史密斯（Jack A. Smith）也认为，金砖国家正在打破少数国家长期垄断全球经济事务的不公平局面，反映出国际社会的发展和进步，因而具有强大的生命力。② 彼得洛普洛斯（Spetropoulos）认为，金砖国家经济发展迅速，其在哥本哈根气候峰会和金融危机中表现突出，金砖国家在全球体系的位置达到历史新高。③ 但与此同时，一些学者对金砖国家持悲观态度。约瑟夫·奈（Josephs. Nye）多次撰文指出，金砖国家之所以难以形成一个紧密的联盟，其原因在于五国之间尚不存在减少分歧与差异的"黏合剂"。④ 奥斯伦德（Anders Aslund）断言"金砖四国的盛筵已经散场。它们能否恢复活力，取决于它们能否在严峻时期开展改革。因缺乏勇气，它们已错失了在繁荣时期改革的机会"。他指出，金砖国家经过十年被追捧后开始受到冷落，其"令人惊奇之处不是蜜月的结束，而是它竟然能持续如此之久"。⑤ 事实表明，金砖国家具有强大的发展潜力，"金砖失色论"无论出于何种用意必将不攻而

---

① 樊勇明："全球治理新格局中的金砖合作"，《国际展望》2014年第4期。
② Jack A. Smith, "BRIC becomes BRICS: Emerging Regional Powers? Changes on the Geopolitical Chessboard", *Global Research*, January 16, 2011.
③ S Petropoulos, The emergence of the BRICS-implications for global governance, *Journal of International & Global Studies*, 2013, 4 (2).
④ JOSEPH S. NYE, "What's in a BRIC?", PROJECT SYNADICATE, MAY 10, 2010; Joseph S. Nye, "BRICS without Mortar", *PROJECT SYNADICATE*, April 3, 2013.
⑤ 安德斯·奥斯伦德："金砖四国错失改革良机"，《金融时报》（英国）中文网，2013年8月26日, http://www.ftchinese.com/story/001052157。

破。本文首先将会总结金砖国家合作的成就及其面临的挑战,其后会着重讨论中国对该组织的定位和策略,并且探究中国将会以何种政策来贯彻其金砖战略的实施。

◆ 一、金砖国家合作的成果及挑战 ◆

(一) 金砖国家合作成果

金砖国家才成立不足十年,其在机制化建设方面已取得一些重要的成果,这些业已建立的机制在增强金砖国家合作的稳定性,加强各成员国务实合作,深化人文交流和互信,以及提供智力支持方面发挥了重大作用。

金砖国家组织框架已基本成型。金砖国家合作机制不断完善,形成了以领导人会晤为引领,以安全事务高级代表会议、外长会晤等部长级会议为支撑,专业论坛为辅助,在广泛领域开展务实合作的多层次架构。自 2009 年金砖国家举行第一次领导人峰会起,到目前已举行了八届,每年一次在金砖五国间轮流进行。2013 年德班峰会达成最终共识"我们致力于逐步将金砖国家发展成为就全球经济和政治领域的诸多重大问题进行日常和长期协调的全方位机制",[1]表明金砖国家不仅仅局限于经济层面的合作,而是要将政治和经济治理并重。金砖国家的部长级会议一般在首脑峰会以外独立举行,

---

[1] 《金砖德班峰会宣言》第 2 条。

其主要作用是落实首脑峰会期间达成的具体决议以及日常的合作事宜，同时也为首脑峰会提供决策支持。另外，金砖国家外长在重大国际会议期间提前进行磋商会谈，从而协调各方立场，一致保护新兴经济体利益。专业性的论坛则可以发挥智力支持、夯实合作的社会民意基础。

成立了金砖国家开发银行。2014年7月15日，在巴西福塔莱萨举行的金砖国家领导人第六次会晤上，金砖五国领导人签署协议，宣布成立金砖国家开发银行。金砖国家开发银行由金砖五国作为创始国发起设立，主要目的是"为金砖国家以及其他新兴市场经济体和发展中国家的基础设施建设、可持续发展项目筹措资金"，① 金砖国家开发银行法定资本1000亿美元。初始认缴资本500亿美元由创始成员国平等出资。银行首任理事会主席来自俄罗斯，首任董事会主席来自巴西，首任行长来自印度。银行总部设于上海，同时在南非设立非洲区域中心。

金砖国家开发银行的成立能够为金砖国家和其他新兴市场及发展中国家的基础设施和可持续发展项目筹集资金，从而促进其经济的发展。同时，金砖国家倡导建立的开发银行是对其他现有多边机构的有效补充，并为满足金砖国家和其他发展中国家的特定投资需求提供了新的选择。国际金融组织的多元化发展，有助于推动建立公正平等的国际经济金融新秩序，并以此推动世界经济的多极化发展。但是，新开发银行也面临着严峻的挑战。首先就是要建立一套高度公正透明的治理结构和决策体制并保持机构的独立，在贷款问

---

① 《福塔莱萨宣言》第11条。

题上避免金砖各国政府的过度干涉。① 其次，金砖国家开发银行应如何处理和世行、亚行的关系？有的学者对此持乐观态度，认为金砖国家银行将为其他多边银行提供宝贵的附加值。而如果多边和区域开发银行与具有更多本地知识的国家开发银行密切合作，它们似乎就能够更好地履行其职能。② 还有学者认为，新开发银行仍处于它们发展的早期阶段，专注于为基础设施项目融资，而领先的传统多边开发银行通常在几个领域都很活跃，其平均基础设施投资占运营的30%—50%。③ 金砖国家要实现中长期的发展，就必须优化其服务，必将会与现有多边银行产生竞争关系，因此有必要认真研究未来的发展战略。

建立金砖国家外汇储备库。2012年6月，金砖国家领导人在墨西哥G20峰会期间举行非正式会晤，首次提出要财长和央行行长们探索设立金砖国家外汇储备库（应急储备安排）的可能性。2013年3月27日，金砖国家领导人德班峰会明确，"建立一个'自我管理'的应急储备安排具有积极预防效果，将帮助金砖国家应对短期流动性压力，提供相互支持，并进一步加强金融稳定"。在俄罗斯圣彼得堡举行的G20峰会期间，金砖国家领导人明确外汇储备库初始规模1000亿美元中各成员国的出资比例。其中，中国出资410亿美元，

---

① Rajiv Biswas: *Reshaping the Financial Architecture for Development Finance: The New Development Banks*.

② Stephany Griffith-Jones: A Brics Development Bank: A Dream Coming True? *Unctad Discussion Papers*, No. 215 March 2014.

③ M. V. Larionova, A. V. Shelepov: Potential Role of The New Development Bank and Asian Infrastructure Investment Bank in The Global Financial System. *Social Science Electronic Publishing 2017*.

为最大的股东，巴西、俄罗斯、印度各出资为 180 亿美元，南非为 50 亿美元。

由于 IMF 等全球性金融机构不能全面顾及发展中国家资金需求，加之决策机制缓慢，金砖国家外汇储备库的建成是对现有全球金融安全网的有益补充，促进金砖各国和全球的金融稳定。其次，其也可促进人民币国际化和多边支付体系的形成。迈入 21 世纪以来，人民币的币值相对稳定，渐进升值，人民币被国际货币基金组织纳入到特别提款权，人民币将成为与美元、欧元、英镑和日元并列的第五种 SDR 篮子货币。与此同时，五国处于比较相近的发展阶段，在吸引外商直接投资、增加能源原材料、外贸出口等方面有一定的竞争关系，从而使得政策协调和开展合作存在障碍。

组建金砖国家大学联盟。2013 年 7 月 5 日举行的金砖国家研究国际学术研讨会上，中国、俄罗斯、巴西、南非和印度等金砖五国参会的著名高校共同倡议：发起组建金砖国家大学联盟，联合金砖国家的主要知名大学开展共同研究及联合培养高端人才。2015 年，"金砖国家大学联盟"宣告成立。"金砖国家大学联盟"和"金砖国家网络大学"是金砖国家高等教育多边合作的两大机制，分别由中国和俄罗斯主导，秘书处分别设在中国北京师范大学和俄罗斯乌拉尔联邦大学。金砖国家大学联盟成员将共同搭建协同攻关与学术交流的平台，努力提升全球知识创新、提升人民生活水平、巩固并增强金砖国家在全球智力竞争中的影响力；共同关注青年学生的全面发展，致力于培养具有国际视野的创新人才；倡导平衡、可持续的发展模式，以实现经济发展与环境保护的和谐统一，推动金砖国家选择适合自己国情的发展战略。①

（二）金砖国家面临的挑战

虽然金砖国家合作已取得显著成就，但其依然是低水平、非机制化的经济合作组织，这就会使金砖国家成为"空谈俱乐部"。同时，来自成员国之间的分歧和矛盾以及发达国家的压力构成了金砖国家长期发展面临的重大挑战。

首先，在金砖国家内部，成员国之间意识形态的差异以及经贸领域的摩擦会导致金砖国家不能充分发挥其整体的作用。在政治层面，由于历史因素和地缘政治的影响，金砖国家之间关系较为敏感，尤其是中印俄之间。中印边界问题一直是中印关系最为敏感的话题，双方时不时就会爆发小规模的冲突，这严重影响了中印政治互信及开展合作。同时，藏独问题以及中国同巴基斯坦关系等因素的存在，已经阻碍了两国关系的进一步发展。中俄边境问题虽已解决，普京称中俄关系"处在历史最好的发展水平"，但是随着中国国力的快速发展，中俄边境贸易也水涨船高，"俄罗斯担心中国向其人口稀少的东西伯利亚'移民扩张'"。② 有不少俄罗斯人担心，中国国力足够强大时会索要历史上被俄侵占的土地。此外，2003年，印度、南非和巴西成立了"印度—巴西—南非三国对话论坛"，其目的在于促进经贸的合作与交流。但是近几年来，三国的合作已拓展到国际政治

---

① 《金砖国家大学校长论坛北京共识》，参见：http://world.people.com.cn/n/2015/1024/c1002-27734740.html。
② 王永中："金砖国家经济利益的交汇与分歧"，《亚非纵横》2011年第3期。

和军事领域。这种小团体的安排会造成"意大利面"效应，使金砖国家不能用"一个声音说话"。

在经贸层面，首先，金砖国家地理位置也会给贸易合作带来不便。相比于欧盟、东盟等彼此相邻的国家，金砖国家在地缘结构上联系不够紧密，巴西远在拉丁美洲，南非在非洲的南端，地理位置直接影响着国家间的贸易运输成本。这将成为阻碍"金砖国家"合作和发展的因素。金砖国家经济与贸易结构的相似性也使得金砖国家在贸易合作上存在一定问题，中国在劳动、资本或技术密集型产品方面具有较强的比较优势，俄罗斯在初级产品方面有比较优势。中国与印度有许多相似之处，经济结构上都在劳动密集型产业和资本密集型产业上具有一定优势；综合贸易互补性比较弱，在国际市场上存在较强的竞争。中国与南非的贸易互补性较强，同时存在一定相似性，在国际市场上存在较强的竞争。①

其次，在金砖国家外部，欧美发达国家作为国际社会上的既得利益集团，它们通过制定于己有利的国际规则和规范，建立或垄断国际机构来维护和实现集团成员的利益。② 美国作为世界霸主，其核心利益就是维护自身的霸权地位和利益，防止其他国家发展强大对其构成威胁。金砖国家以自身原则处理国际政治事务，这将不可避免地会与欧美发达国家在全球治理方面关系紧张。③ 对于金砖国家的

---

① 林跃勤、周文：《新兴经济体蓝皮书：金砖国家发展报告（2012）——合作与崛起》，社科文献出版社 2012 年版，第 21 页。
② 徐秀军："制度非中性与金砖国家合作"，《世界经济与政治》2013 年第 6 期，第 77—96 页。
③ S Petropoulos, The emergence of the BRICS-implications for global governance, *Journal of International & Global Studies*, 2013, 4 (2).

崛起，其防范的心理愈加急切，"对于印度、巴西，主要是担心它们参与冲击现行国际经济秩序。而对于中国和俄罗斯，则不仅担心它们可能要改变国际经济秩序，而且认为中俄两国的崛起可能将改变现有的国际政治格局，进而从根本上挑战美国等西方国家在国际上的战略地位"。[1]

在应对措施方面，美国对金砖国家采取了不同的策略。针对中俄两国，美国竭力压缩其战略空间，维持自身的优势地位。例如，美国在2010年推出"重返亚太"战略，计划未来要在亚太地区部署60%的军力制约中俄的发展。此外，美国在韩国部署"萨德"反导系统、支持北约东扩等无不是为了制衡中俄。对于印度和巴西，美国则是以拉拢支持为主。2010年美国重归亚洲，提升自身在亚洲的主导地位，主要就是借助印度的力量，而印度要加速崛起并巩固其在南印度洋乃至亚太地区以及全球的强国地位，也需要借重美国的支持。巴西所在的拉美一直被美国视为自家后院，试图长期保持对该地区的垄断。巴西为了摆脱控制，竭力争取联合国常任理事国地位并且积极加入金砖国家等合作机制，而美国则对于这种努力给予支持和帮助。

最后，金砖国家合作机制尚未构建，因此该组织的长远发展缺少稳定性保障。金砖国家目前采取非机制化合作方式，各成员不成立正式的组织，没有章程，没有明确的宗旨，仅仅定期召开首脑会议并发表联合宣言。金砖国家密切的经济联系是建立在双边协议和

---

[1] 王永中："金砖国家经济利益的交汇与分歧"，《亚非纵横》2011年第3期，第28—34页。

非该组织的融合之上的,中国经济强势发展也使其他金砖国家忧心忡忡。[①] 与其他具有常设机构的经济合作组织相比,金砖国家面临很多问题:第一,对在经济合作过程中不可避免产生的摩擦和争端的处理处于无章可循的状态,得不到及时有效的解决,这势必影响各成员国间经济合作的稳步发展;第二,金砖国家能走到一起并建成一个经济合作机制体系的原动力之一是改革世界金融体系,推动世界经济新秩序的形成。按照当前金砖国家的机构设置并不能形成一种强强联合的态势,在国际经济事务上的整体影响力有限,这不利于金砖国家整体目标的实现。[②] 目前,金砖国家着眼于实际利益的需要进行合作,但是由于缺乏限制性的法规和明确的宗旨制度,金砖国家政府的变更以及成员国之间的摩擦势必会阻碍该组织的进一步发展。日益清晰的是,不构建新的合作机制,就很难指望未来金砖国家的合作效能有效发挥并取得更为理想的合作成果。[③]

◆ 二、中国对金砖国家合作的定位 ◆

2017 年金砖合作将启动第二个十年,也是金砖机制的"中国年"。中国作为 2017 年轮值主席国,扮演着一个至关重要的角色。

[①] Z Laïdi, BRICS: Sovereignty power and weakness, *International Politics*, 2012, 49 (5): 614 – 632.

[②] 廖书庭:《金砖国家的经济合作机制研究》,湖南师范大学硕士学位论文,2014年。

[③] [俄] 费拉基米尔·达维多夫,林跃勤译:"金砖国家合作发展的挑战与出路",《中国社会科学报》2013 年 4 月 12 日。

事实上，从金砖国家概念的提出、组建到发展，中国都表现出十分积极的态度。在 2009 年的叶卡捷琳堡会议上，中国就积极参与其中的磋商和筹备工作；在 2010 年作为主席国，中国推动南非加入金砖国家合作机制；在 2011 年 4 月举办三亚峰会，发表了《三亚宣言》，首次推行本币贸易结算，加强金融合作，正式签署《金砖国家银行合作机制金融合作框架协议》，为金砖国家合作注入了强劲的发展动力。[①] 金砖国家合作这十多年来，已经成为新兴市场国家和发展中国家合作的一块闪亮招牌，是促进世界经济增长、完善全球治理、推动国际关系民主化的重要力量。[②] 显然，没有中国的积极参与，金砖国家合作不会在短时间内取得如此重大的进展。

处理与金砖国家外交的前提和出发点必然是要先做好战略定位。首先金砖五国均属于发展中国家的一部分，金砖国家合作机制为其提供了多边外交的重要舞台。金砖合作既属于新时期中国对发展中国家外交的实现形式，也是多边外交的重要实现形式。要想准确理解金砖国家在中国外交战略中的地位和前景，必须将其置于中国的发展中国家战略和多边外交战略的双重坐标系中进行考量，从中把握金砖国家对中国对外战略的重要意义。

（一）对发展中国家的外交和推动南南合作的机制与平台

中国传统的国际定位是发展中国家，中国对外政策的出发点和

---

① 赵可金：" 中国国际战略中的金砖国家合作"，《国际观察》2014 年第 3 期。
② "杨洁篪在 2017 年金砖国家协调人第一次会议开幕式讲话"，参见：http://www.fmprc.gov.cn/ce/cesg/chn/jrzg/t1441030.htm。

落脚点在于巩固和发展同发展中国家的关系。近代中国由一个半殖民地半封建国家解放发展成现代独立自主的社会主义国家，历史上经受的多重磨难波折与世界上其他发展中国家很相似，而在独立后也同其他发展中国家一样面临着巩固独立、发展民族经济和争取经济独立的共同任务。从20世纪50年代开始，中国外交政策立足于加强与第三世界国家的团结合作。新中国第一代领导人毛泽东开始的历代领导集体都重视加强与广大发展中国家的外交关系，形成了一系列永远与第三世界同呼吸、共命运的独特外交传统。在十八大政治报告中，对中国的国家定位做出了明确的界定，认为"我国是世界最大发展中国家的国际地位没有变"，在处理与广大发展中国家外交关系上，"中国致力于缩小南北差距，支持发展中国家增强自主发展能力"，"我们将加强同广大发展中国家的团结合作，共同维护发展中国家正当权益，支持扩大发展中国家在国际事务中的代表性和发言权，永远做发展中国家的可靠朋友和真诚伙伴"。[1] 习近平主席进一步强调，在同发展中国家交往中大力弘扬正确义利观，坚持义利并举、义重于利，构建与发展中国家的命运共同体。[2] 因而，作为发展中国家的金砖国家在中国外交全局中的战略基础地位十分重要，与金砖国家的往来为新时期中国的发展中国家外交开辟了新的发展空间。因此，作为发展中大国，中国要坚定不移地站在发展中国家一边，通过金砖国家合作，代表发展中国家的立场，为发展中

---

[1] 胡锦涛："坚定不移沿着中国特色社会主义道路前进为全面建成小康社会而奋斗"，新华社北京2012年11月17日电，参见：http://cpc.people.com.cn/18/n/2012/1109/c350821-19529916-12.html。

[2] 赵可金："中国国际战略中的金砖国家合作"，《国际观察》2014年第3期。

国家争取更多的合法权益。在地区和国际热点问题上，中国会通过金砖国家合作，反对霸权主义和形形色色的新干涉主义，推动国际关系民主化和发展模式多样化。在全球事务治理上，中国将以更加积极的姿态参与国际事务的处理，通过金砖国家合作积极发挥负责任大国作用，维护国际公平正义。在应对气候变化、贸易摩擦、金融改革等问题上，中国将通过金砖国家合作与其他新兴经济体保持密切磋商、协调立场、设定议题以及增加发展中国家在国际事务中的代表性与发言权，一道推动国际体系和国际秩序朝着公正合理的方向发展，让新兴经济体在其中扮演更大的角色，推动建立更加均衡的全球发展伙伴关系。

（二）多边外交策略的实施平台

多边外交是近代以来国家间交往的一种基本方式，它是相对于"双边外交"的，指三个或三个以上的国际关系行为主体通过国际组织、国际会议进行的国际合作。与双边外交相比，多边外交一般来说更具有普遍性、公开性和平等性，是促进国际关系民主化和法制化的有效途径。中国的多边外交起步晚，从改革开放之前的排斥、怀疑到20世纪90年代后的积极倡导，经历了一个相当长的过程。进入21世纪后，中国倡导并致力于同世界各国一道推动建设持久和平、共同繁荣的和谐世界，以联合国为中心的多边外交更加活跃，金砖国家机制在全球金融海啸后的异军突起，为中国多边外交的开展提供了新的平台，其战略价值不仅体现在经济领域，还体现在政治安全、气候变化等更为广泛的领域。

从金砖国家合作机制作为中国多边外交的实现形式的角度来看，它可成为中国参加全球经济治理结构重组的主要战略平台。随着中国综合国力的壮大和国际化程度的提高，如何参与多边外交事务和履行大国责任逐渐成为中国外交的新课题。十八大报告指出，在过去的五年内，中国致力于"推动全球治理机制变革，积极促进世界和平发展，在国际事务中的代表性和话语权进一步增强，为改革发展争取了有利国际环境"。这一论述表明过去五年中国在参与多边外交中十分积极，取得了比较好的成效。十八大报告在总结以往成功经验的基础上更是明确指出，"中国将坚持把中国人民利益同各国人民共同利益结合起来，以更加积极的姿态参与国际事务，发挥负责任大国作用，共同应对全球性挑战"。[1] 十八大报告中在谈到参与多边外交事务时，无论是在经济领域还是安全领域和生态文明领域，都多次强调"积极参与"、"积极姿态"、"积极作用"等字眼，集中强调中国在多边外交舞台上积极有为的新要求。

（三）推动国际秩序和国际关系民主化的抓手

在稳定有效的国际秩序下，体系的实力对比与利益格局之间存在动态平衡和相互匹配关系。随着国际力量对比的持续变化和新兴国家利益诉求的日益增多，美国主导的国际秩序明显面临国际利益格局再调整受阻的困境，无法根据国际政治现实的变化实现自我调

---

[1] "积极参与全球治理体制变革"，新华网，2016年4月14日，http://news.xinhuanet.com/world/2016-01/14/c128893375.htm。

整。中国既是当今国际秩序的参与者、维护者和受益者，又是受到利益格局中诸多不合理要素的被制约者，很多方面影响到中国实现和维护自身正当合理的国家利益。[①] 习近平在 2013 年的金砖国家领导人第五次会晤讲话时强调"不管国际风云如何变幻，我们都要始终坚持和平发展、合作共赢，要和平不要战争，要合作不要对抗，在追求本国利益时兼顾别国合理关切。不管国际格局如何变化，我们都要始终坚持平等民主、兼容并蓄，尊重各国自主选择社会制度和发展道路的权利，尊重文明多样性，做到国家不分大小、强弱、贫富都是国际社会的平等成员，一国的事情由本国人民做主，国际上的事情由各国商量着办。不管全球治理体系如何变革，我们都要积极参与，发挥建设性作用，推动国际秩序朝着更加公正合理的方向发展，为世界和平稳定提供制度保障"。[②] 因此，中国应在继续参与和融入国际社会的前提下，积极主动而又循序渐进地推动国际利益格局的良性调整，中国应抓住时机，推动金砖国家内部合作机制建设，从而为国际社会的秩序调整修正注入强大助推力。

中共十六大概括当今时代特征为"经济全球化、世界多极化、国际关系民主化和发展模式多样化"，并将后两者并提指出："我们主张维护世界多样性，提倡国际关系民主化和发展模式多样化"。从 2000 年 4 月"中非合作论坛"上明确提出到 2001 年 11 月胡锦涛同志访欧的讲话，国际关系民主化的内涵得到全面地阐述。胡锦涛同

[①] 刘丰："国际利益格局调整与国际秩序转型"，《外交评论》2015 年第 5 期，第 46—62 页。

[②] 习近平在金砖国家领导人第五次会晤讲话《中国梦是和平、发展、合作、共赢的梦》，2013 年 3 月 27 日，http://news.xinhuanet.com/politics/2015-10/15/c_128320863.htm。

志指出:"国际关系民主化是世界和平的重要保证。国家不分大小、贫富,都是国际社会的平等一员。各国的事应由本国政府和人民决定,国际上的事由各国政府和人民平等协商。在事关世界和地区和平的重大问题上,应该按照联合国宪章的宗旨和原则以及公认的国际关系基本准则,坚持通过协商谈判和平解决争端。我们的世界是丰富多彩的,不可能只有一种模式。应承认世界的多样性,尊重各国的历史文化、社会制度和发展道路。"① 2014 年 6 月习近平在和平共处五项原则 60 周年纪念大会上的讲话中呼吁:"共同推动国际关系民主化。世界的命运必须由各国人民共同掌握,世界上的事情应该由各国政府和人民共同商量来办。垄断国际事务的想法是落后于时代的,垄断国际事务的行动也肯定是不能成功的。"② 近年来,"国际关系民主化"成为中国积极倡导的外交新主张。

中国提出的"国际关系民主化"主要着眼于四个方面:一是和平的保障。正如联合国前秘书长加利所言:"国际新秩序应该建立在多极化的基础之上。多极化有利于国际社会的每个成员充分表达自己的观点、目标和理想,有利于各国展开对话、交流观点。国际关系民主化是维护世界和平的关键因素","应该实现尊重法律基础上的国际关系民主化"。③ 二是平等的基础。从国内到国际层面,民主

---

① "胡锦涛在法国国际关系研究所发表演讲 就当今国际形势和一些国际问题阐述看法",新华社巴黎电,2001 年 11 月 5 日,参见 http://www.hprc.org.cn/gsyj/yjjg/zggsyjxh_1/gsnhlw_1/d11jgsxsnhlw/201411/t20141106_300761.html。

② "习近平呼吁推动国际关系民主化 法制化 合法化",http://gb.cri.cn/42071/2014/06/28/107s4594355.htm。

③ "加利:良知和文化将是国际新秩序的主导力量",《人民日报》2001 年 9 月 14 日,第 7 版,参见:http://news.sina.com.cn/w/2001-09-13/356402.html。

的基本前提之一是平等。国际关系中的平等最根本的是指主权平等。三是多样化的事实。民主的精神是对差异的尊重和对少数的保护。只有实现国际关系民主化，才能尊重国际社会多样化的事实，保护和尊重各国在文化传统、生活方式、社会制度和价值观念上的差异性。将某一种制度、价值标准、发展模式强加于人，不是历史的进步，只能加剧全球化进程中的不公正和不公平。主权与人权的关系问题就充分体现了这一点。[1] 四是反霸权的需要。各国主权平等，反对霸权主义和强权政治是国际关系民主化的出发点和落脚点。国际关系民主化的涵义还包括不干涉各国主权内部事务、共同协商的原则以及加强联合国的作用等。

中国外交树立"国际关系民主化"的新旗帜，既是以前中国"争取第二世界，着眼于第三世界，反对第一世界"等外交实践的历史继承，又是重大外交理念创新，是对国际社会的巨大贡献。[2] 它比单纯的"反对霸权主义与强权政治"的提法更能争取国际舆论，有利于改善中国的国际形象，提高中国的国际地位，是新时期贯彻"冷静观察、沉着应付、韬光养晦、有所作为"十六字方针的伟大创举。中国在金砖国家平台将更有利于积极推进国际关系民主化进程，通过金砖国家合作机制建设，加强多领域合作，在全球化背景下与发达国家良性互动。推动建立合作安全、共同安全机制，解决经济全球化与国际关系的非均衡发展问题，这是国际关系民主化的必然

---

[1] 倪世雄、王义桅："再论国际关系民主化"，《社会科学》2003 年第 12 期，第 24—30 页。
[2] 倪世雄、王义桅："再论国际关系民主化"，《社会科学》2003 年第 12 期，第 24—30 页。

要求与成功标志。"事实证明，占世界人口42.6%的金砖国家经济发展、社会稳定、协调合作、共同成长，顺应和平、发展、合作、共赢的时代潮流，有利于世界经济更加平衡、全球治理更加有效、国际关系更加民主。"①

◆ 三、中国关于金砖国家合作的措施 ◆

金砖国家不仅是中国开展多边外交的重要平台，也是中国国际战略的重要载体。随着综合国力继续增长，中国在包括金砖国家在内的国际性组织中的地位越来越突出。2017年，中国厦门将举行第九次金砖国家领导人会晤，促进金砖国家长期发展的"中国声音"和"中国方案"将会受到更加密切的关注。

第一，中国将加强与金砖各成员国的政治安全合作，完善全球治理。金砖国家成立以来，成员国在经贸往来、气候变化、国际金融改革等方面成就斐然。然而，地缘政治和意识形态的差异致使金砖国家难以在政治安全领域达成一致。从历届金砖国家峰会发表的宣言来看，金砖国家仅在支持以联合国为核心的多边主义等原则性方面达成一致，而领土纠纷和地缘政治等敏感话题从未提及，这严重阻碍了金砖国家之间的政治互信和整体发展。为此，中国提出在发挥安全事务高级代表的机制作用的同时，协商启动首次金砖国家

---

① "习近平接受拉美四国媒体联合采访讲话"，2014年7月14日，http://news.xinhuanet.com/politics/2015-10/15/c_128320863.htm。

外长正式会晤，就相关关切予以协商解决。2017年，全球化进程面临严峻挑战，某些发达国家相信，在全球化中，新兴发展中国家利用税收等政策优惠实施商品倾销，严重损害了发达国家的制造业并剥夺了其国内工人的就业机会。此后，右翼势力纷纷掌势，特朗普竞选时声称要对中国企业施加45%的超高关税，从而使美国"再次伟大"。习近平主席在果阿峰会明确表示，"我们要遵循历史发展的客观规律，顺应当今时代发展潮流，推进结构性改革，创新增长方式，构建开放型经济，旗帜鲜明反对各种形式的保护主义"。[①] 此外，中国还将与金砖国家合作，推动全球经济治理进一步改革，增强新兴市场国家和发展中国家的代表性和发言权。虽然此前IMF同意增加新兴国家的投票份额，但是欧美发达国家还在控制着IMF和世界银行，尤其是美国存在着事实上对这些机构的控制权。因此，国际经济治理的民主化要进行长期不懈的斗争。

第二，中国将与金砖各国加强经贸往来，实现互利共赢，不断提升金砖的含金量。习近平主席在出席2013年金砖国家领导人德班峰会时指出："金砖国家要朝着一体化大市场、多层次大流通、陆海空大联通、文化大交流的目标迈进"，"要围绕创新、增长主题，共同探索形成新的经济竞争优势。要加强基础设施建设合作，实现互联互通。要妥善处理合作和竞争的关系，谋求互利共赢"。[②] 这就表明，中国要利用资源禀赋和产业优势的差异，开展与各金砖国家自由贸易谈判。中国已经开展与其他金砖国家的贸易合作，通过签订

[①] 习近平："坚定信心 共谋发展"，《人民日报》2016年10月17日，第2版。
[②] 习近平："携手合作，共同发展——在金砖国家领导人第五次会晤时的主旨讲话"，《人民日报》2013年3月28日。

自由贸易协定,可进一步建立和加强五国之间更紧密的经济伙伴关系,并且对推动亚非拉地区乃至整个发展中国家的全面合作具有重要意义。① 同时,中国将进一步扩大实施本币结算业务范围。目前,中国除与俄罗斯开展本币结算业务外,其他国家尚未涉及。通过加快双边结算业务,鼓励中国商业银行与金砖国家间互设合作机构,签署双边清算合作机制,渐进地推动各国货币互换机制的建立与实施。② 地理位置的阻隔是金砖国家经贸发展的巨大阻碍,加强陆海空大联通能有效解决地缘上较远国家合作的问题。在这一过程中,要充分发挥金砖国家开发银行的资金优势。中国还将在电子商务、创新发展等领域拓展新的利益汇集点。无纸贸易是国际贸易与电子商务、电子政务相结合的产物,也是未来的发展趋势。电子商务简化贸易流程,避免数据的重复输入,减少人工操作的差错,省时高效,显著降低交易成本。③

第三,推动形成"金砖+"的开放合作模式,建设更加广泛的南南合作平台。奥尼尔根据经济规模和发展前景提出金砖概念,南非因经济体量太小而没有得到其的考虑。2013年11月,奥尼尔在英国广播公司的节目中创造了"薄荷四国"这一新名词。他说,墨西哥、印度尼西亚、尼日利亚和土耳其同样具有很好的发展前景和潜力。在另一场合,奥尼尔又指出,在未来的十年,"金砖四国"与

---

① 吕博:"'金砖国家'间的贸易和投资",《国际经济合作》2012年,第10期,第27—30页。
② 邢凯旋:"金砖国家区域金融合作机制建设研究",《经济纵横》2014年第10期,第101—105页。
③ 乔阳、沈孟、刘杰、杨光、岳强:"电子商务对国际贸易的影响及应用现状分析",《对外经贸》2012年第3期,第39—41页。

"薄荷四国"会对世界经济的发展趋势产生重大影响。① 2015年乌法峰会宣言表示："我们将举行同欧亚经济联盟成员国、上海合作组织成员国及观察员国国家元首和政府首脑的会议……致力于通过国际合作和强化区域一体化机制，实现经济可持续发展，提高人民福祉和繁荣。"② 峰会启动了接受印度和巴基斯坦加入的程序，上海合作组织扩员大门由此正式打开。果阿峰会上又表明，金砖国家谋求加强与亚洲、非洲和南美洲等一体化迅速推进的地区的合作。

长期以来，中国对外经济合作的重心都以发达经济体和周边新兴经济体为核心，但这些并未上升到区域治理的高度。随着中国国力的提升和竞争力的增强，南南合作的领域更加广泛，形式更为多样，合作程度也更加深入。中国与非洲合作以"真诚友好、平等相待、相互支持、共同发展"为原则，以"真、实、亲、诚"和正确义利观为道义规范的认同基础。目前非洲是世界经济发展最快的地区之一，中非合作论坛推动了中非各个层面对话合作平台的建立，这些平台为中非关系的全面发展提供了重要的沟通机制。2014年7月，习近平赴巴西出席金砖国家领导人第六次会晤，并对巴西、阿根廷、委内瑞拉和古巴四国进行国事访问，同时提出建立平等互利、共同发展的中拉全面合作伙伴关系，构建中拉"1+3+6"的合作框架。2015年1月，中国—拉共体论坛第一次部长级会议在北京召开，并发表《中拉论坛首届部长级会议北京宣言》，中拉双方一致同意建

---

① Tim Cocks, "Jim O'Neill: BRICs, MINTs strong despite emerging market wobbles", March 25, 2014, http://finance.yahoo.com/news/jim—oneill—brics—mints—strong—despite—emerging—market—164830096——sector.html.

② 《金砖国家领导人第六次会晤福塔莱萨宣言》，第3条。

立"中拉全面合作伙伴关系",加强各领域的对话与协商,双方承诺将在论坛的框架下积极推动中拉双方进行全方位合作。中非、中拉论坛不仅为金砖国家进一步发展做出了贡献,也给南南合作增添了活力。

第四,密切人民交流,增进金砖国家人民间传统友谊和相互了解。近年,在金砖国家中,中国的经济规模远远超过其他几国,且发展平稳、前景光明。在贸易领域,中国外贸的出口结构已从原材料转变为制成品和初级加工产品,并较原材料出口更有优势。"中国威胁论"仍在俄罗斯和印度等金砖国家有一定市场,尤其是在地缘上相邻,且史上有领土纠纷的情况下,因而其他国家难免会对中国有所疑惧,从而阻碍金砖国家的合作发展。近几年,中俄两国人文交流互动频繁,两国共同举办的"中俄青年友谊年"、"国家年"、"旅游年"、"语言年"等大型活动取得成功,教育、文化、卫生、体育、媒体、旅游等人文领域的合作蓬勃开展,两国人民的相互了解和友谊不断加深。2015年5月9日,习近平主席与俄、白、哈三国元首决定进一步推动文化交流、学术往来、媒体合作、青年交往,并协商在2016—2017年举办中俄媒体交流年活动。2014年习主席访印期间,中印同意启动"中国—印度文化交流计划",涵盖旅游合作、青年互访、博物馆交流、语言教学、经典及当代作品互译、影视交流等领域。无论是中俄还是中印关系的发展,人文合作无疑是互信的桥梁。正如普京所强调的,人文合作是俄中关系,包括双方政治、经济合作必不可少的基础,只有在人文合作的基础上,两国才能建设双边关系最重要的基石——相互信任,没有这个基础,就无从谈及其他领域的合作。①

第五，构建金砖国家求同化异机制，有效化解各国分歧，为金砖长期稳定合作保驾护航。尽管来自美国的威胁促使金砖国家走向合作，但事实上，金砖国家已经将彼此视为潜在的重大威胁。② 金砖国家之间在争夺全球市场、吸引外资等方面存在一定的贸易争端：印度和巴西对中国制造的工业产品频繁实施反倾销和贸易保护措施，在人民币汇率问题上追随发达国家，要求人民币升值；中国能源资源需求旺盛，尤其是对巴西、南非等国铁矿石进口量巨大，但是中国在与后者关于进口货物价格的谈判上却分歧严重。国际政治领域，在国际金融体系、联合国改革、裁军、不扩散核武器等方面，成员国各自的利益诉求和主张也存在较大分歧和矛盾。习近平主席在2015年会见台湾国民党主席朱立伦时曾提出两岸不仅要求同存异，更应聚同化异，③ 这种理念也完全适用于金砖国家合作。在"不结盟"的前提下，金砖国家应结合具体国情，借鉴东盟松而不散的组织架构，构建有别于超国家权威机构的"非产权联盟"。此外，可考虑设立多边调停机构，以应对当沟通行动无法解决矛盾时，行为主体陷入困境的情形。可借鉴东盟经验，引入集体第三方综合协调机制来管理冲突，即设立多边调停机构并赋予其一定的制裁权，作为

---

① "'汉语年'为中俄世代友好铺设互相信任的基石"，中国政府网，参见：http://www.gov.cn/jrzg/2010-03/21/content_1561005.htm。

② MA Glosny, China and the BRICs: A Real (but Limited) Partnership in a Unipolar World, *Polity*, 2010, 42 (1): 100–129.

③ 习近平："中美要坚持相互尊重、聚同化异，保持战略耐心"，新华网，参见：http://news.xinhuanet.com/world/2014-07/09/c_1111530593.htm。

金砖国家间战略沟通的程序性保障。①

综上所述，金砖国家不仅是中国开展多边外交和南南合作的平台，更是促使国际体系朝着更加公正合理的方向发展的重要抓手。中国将从机制建设、政治互信、经贸合作、人文交流等各个领域加强与其他金砖伙伴的合作，从而在实现自身利益的同时推动金砖国家长期发展。金砖国家开发银行以及外汇储备库是到目前为止其机制化建设取得的最重要成果，不仅为成员国的投资需求提供了选择，也保障了金砖国家的金融安全。未来金砖国家还将面临一系列挑战，对于如何推动"金砖+"模式的落实，怎样确保金砖国家扩员后其实力在得到明显提升的同时又保持高效，以及金砖国家之间求同化异的机制怎样建立等问题，都值得深入探讨。但前提是，金砖各国领导人必须具有长远的战略视野和宽广的政治胸怀，只有一定程度上突破了狭隘的国家中心主义的观念，金砖国家的一体化进程才能更加顺利。

---

① 王叶飞："金砖国家间的战略沟通研究"，《国际观察》2016年第3期，第105—117页。

南非的金砖国家外交

齐为群[*]

21世纪以来，金砖国家的发展对于世界经济与贸易格局产生着重要的影响。以中国、印度、俄罗斯、巴西为主导的新兴经济体，随着各自经济总量的快速增长，也在国际经济与贸易领域呼吁改革现有的世界经济秩序，以求更加民主化与平等化，惠及更多亚非拉等第三世界国家。

2011年，南非加入金砖国家组织，对于金砖国家组织的发展以及南非本国国际影响力的提升具有重要的意义。南非作为一个小国，其经济总量无法与中国、俄罗斯、巴西、印度等其他金砖国家相比，即使是在非洲国家，近些年来尼日利亚也已经超越南非成为该洲最大的经济体。同时，南非经济增长速度相对其他新兴经济体而言，较为滞后。然而不可否认的是，自从加入金砖国家组织以来，该国对于新兴经济体对世界经济与金融秩序的改革与进一步发展做出了

---

[*] 齐为群，新西兰奥克兰大学政治学与国际关系学系博士生，研究方向为东亚地区安全与中国外交。

一定的贡献，同时也体现了其作为非洲国家代表不可替代的意义。

为什么南非要加入金砖国家组织，如何评析南非加入金砖国家组织的意义，以及未来南非如何在新兴国家与非洲经济发展中寻求定位，这些都是本文将要重点解答的问题。

一、南非金砖国家政策演变的进程

金砖国家这一概念最早出现在 2001 年经济学家吉姆·奥尼尔（Jim O'Neill）的一篇分析性文章中。他预测，在 2050 年，中国、巴西、印度与俄罗斯四国将会改写世界经济格局，超越德国、英国与法国等欧洲国家，与美国、日本一起组成新的六大世界经济体。[1] 而四国之间在贸易、投资以及基础设施建设方面的合作，也深化了金砖国家之间的合作。而在 2011 年，上述四国的国民经济总量（GDP）已经占据了世界的 25%，这一数值在 2001 年仅仅是 10% 左右。[2]

在 2010 年，南非总统祖马出访了其他金砖国家，表达了要加入金砖国家组织的意愿。他认为南非的经济代表着撒哈拉以南非洲重要的经济与政治力量，同时南非具有丰裕的钻石、金矿产资源，良好的投资环境，且政治制度和社会文化与西方国家相似，可以作为

---

[1] Goldman Sachs. 2001. Building Better Global Economic BRICs. Accessed from http://www.goldmansachs.com/our-thinking/topics/brics/brics-reports-pdfs/build-better-brics.pdf.

[2] Bloomberg. 2012. Accessed from http://www.bloomberg.com/news/2012-06-14/o-neill-s-brics-risk-hitting-wall-threatening-g-20-.

金砖国家与西方国家沟通的桥梁。而对于南非来说，加入金砖国家组织，可以受益于与其他国家的投资与贸易，特别是南非在经贸领域对中国、印度等大国具有很强的依赖性。2010年12月，南非被邀请参加在北京举行的金砖国家峰会，紧接着在2011年4月便正式加入金砖国家组织。

2013年3月，南非主办了金砖国家峰会，该届峰会的主题是"金砖国家与非洲：合作、融合与工业化的伙伴关系"。在这届峰会上，南非特别强调了金砖国家对于非洲基础设施建设的投资，同时提倡建设金砖国家主导的投资银行。而通过这次会议，南非也在国际上宣传了作为一个新兴经济体所要承担的责任，同时表明了一个小国以及非洲国家参与世界经济体制改革与全球治理的决心。

◆ 二、南非参与金砖国家合作的原因 ◆

作为一个非洲国家，南非积极参与金砖国家是由众多原因造就的，既有历史上相互交往的联系，也有现实的迫切需要。

从历史上来说，南非在战后寻求独立自主与反对种族隔离的过程中，与金砖国家的联系与合作日益加强，奠定了其加入金砖国家的信任基础。1946年，印度成为首个断绝与南非白人政府贸易联系的国家。1962年，中国首次向南非非洲人国民大会（简称"非国大"）游击队员提供短期培训。1967年，非国大在新德里建立亚洲办事处，并得到印度的物资和军事援助。1955年，南非解放组织的代表参加了由中国、印度等国倡导的第一次亚非会议，会议提出的

"尊重一切国家的主权和领土完整"、"承认一切种族平等,承认一切大小国家的平等"、"不干预或干涉他国内政"等十项原则,为南南合作奠定了基础。1961 年,不结盟运动举行成立大会,会议倡导不结盟、民族独立、国际经济新秩序等主张,印度等国支持给予参加会议的非国大和泛非主义者大会以观察员地位。南非国际关系与合作部部长马沙巴内(Mashabane)表示,在重组有利于发展中国家的国际关系力量结构时,南非人民与这些新兴国家建立了深厚的合作伙伴关系。而南非自废除种族隔离制度以来,一直对外宣称恪守平等主权与不干预他国内政原则,与其他金砖国家对外政策目标上有着很大的趋同性,相对于西方国家推行的旧的中心外围的经济分工体系,新兴国家提出的改革目标更有利于南非的经济社会发展。

从现实的需要来看,南非加入金砖国家组织,也是受当前南非与其他金砖国家的经贸关系的影响。近些年来,南非与其他金砖国家在贸易领域进一步深化了合作,2009 年中国成为南非最大的经贸伙伴,① 而巴西、印度、俄罗斯也在南非的贸易伙伴中占据了非常重要的地位。而在 2010 年左右,南非对金砖四国整体贸易额超过了欧盟,预示着未来很长一段时间,南非对于金砖国家的经贸依赖将会大幅增加。与此同时,南非与金砖四国签署了多个双边经贸合作协定,这预示着南非与金砖国家的合作有了足够的制度性保障。其中,南非与中国的双边关系最为深远。早在 2000 年,南非与中国签署了关于伙伴关系的《比勒陀利亚宣言》。2004 年,南非与中国确立了

---

① 联合国商品贸易统计数据库,http://unctadstat.unctad.org/ReportFolders/reportFolders.aspx。

"平等互利、共同发展"的战略伙伴关系。2006年,中国与南非签署了《中南关于深化战略伙伴关系的合作纲要》。2010年,两国签署了全面战略伙伴关系协议(CSPA),南非成为首个与中国签署类似协议的非洲国家。可以说,随着历次双边协议的签署,南非与金砖国家的经贸合作密切度与高度不断提升。

此外,南非加入金砖国家,有利于其国际地位的提高,并有助于其借助新的国际制度变革积极参与全球治理。作为一个中小国家,南非自身的力量有限,难以通过自身的力量改变现有的国际政治秩序。但是加入"金砖国家集团",南非的地位将会上升很快,可以以非洲代表国的身份,不止在金砖国家集团内部表达自身的利益需要,同时也可以非洲国家代表的身份,表达整个非洲对于国际经济制度改革的需要。由此,南非在非洲国家中的地位将会非常显著,其在非洲国家中的权威将得以确立。而事实上,当前国际经济秩序改革的目标是实现相对公平与平等的产业布局,非洲国家长期以来受西方为主导的国际产业布局影响,一方面只能出口较为低端的初级产品,另一方面基础设施建设滞后,而南非作为非洲在金砖国家的代表,提出加大对于非洲地区基础设施建设的投资,可以说是既满足了自身的经济发展需要,又满足了整个非洲地区的需要。

最后,南非加入金砖国家组织,有利于刺激其国内经济的发展。加入金砖国家组织,意味着其国内经济发展将会有重要的机会,来自金砖国家的投资将会涌入国内市场,有利于南非的基础设施建设,同时可提供更多的工作岗位。2010年以来,祖马政府提出了新的刺激经济发展的路线图,以求五年内增加500万个工作岗位,使南非的失业率降至15%。① 要想完成这一目标,依靠其自身的产业发展是难以完成的,而金砖国家对于南非的投资与经贸合作,则为实现这一目标提供了非常好的机会。在一定程度上,这是增进本国经济发展的诉求,同时也是维持祖马政府良好政绩的要求,会促进南非进一步加强与金砖国家的合作,进而推动南非加入金砖国家组织。

◆ 三、南非加入金砖国家组织的反对声音 ◆

以上分析得出的结论是,南非加入金砖国家组织有利于自身的发展,也有利于非洲国家摆脱旧的经济贸易体制的约束,但是自南非提出要加入金砖国家以来,也一直有着非常强烈的反对声音。

其中一些反对者认为南非经济增长速度无法与其他金砖国家相比,经济学家吉姆·奥尼尔认为,将南非纳入金砖国家组织本身是错误的,因为南非本身的经济总量太小了,仅占金砖国家GDP总量的2%。他指出,就经济总量而言,现在的中国每4个月就制造出一个南非。此外,南非经济在过去10年中遭遇了不小的困难。所以,南非更多只能算是一个"强加"的金砖成员。而且,他认为将南非纳入这一组织对于这一组织来说可能会削弱其影响力。他认为其他国家,例如韩国、印度尼西亚、墨西哥与土耳其,在人口、领土与经济总量上比南非更有资格进入金砖国家的行列。即使是在非洲,

---

① 李学华:"南非将推行'新经济增长路线'以增加就业为核心来应对挑战",《科技日报》2010年11月3日。

近些年来尼日利亚的经济也以7%的增长速度飞速上涨，而南非近些年的经济增长速度仅为3%。同时，尼日利亚具有很丰富的石油资源，而且工业基础比较健全，在一定程度上也冲击着南非在撒哈拉以南非洲中的领头羊位置，特别是在2014年，尼日利亚的GDP总额超越了南非，成为撒哈拉以南非洲最大的经济体。此外，近些年来南非面临着严重的主权债务危机，主要的金融机构将南非的信用等级评定为BBB-等级，是非常低的等级，这在一定程度上打击着外资投资的信心。

然而，必须承认，南非加入金砖国家组织，还是有着充分的历史资源与先天独特的优势的。历史上看，南非在种族隔离时期受到国际社会的孤立和制裁，但在1994年，废除了种族隔离制度的新南非诞生了，摆脱了国际社会孤立和制裁的南非，成为国际上被人尊重和依赖的重要一员，在非洲和国际事务中发挥着日益重要的作用。有统计显示，南非的驻外机构从1994年的36个增长到2012年的125个，这已经体现了南非在国际舞台上的重要作用。如今的南非已经和世界上170多个国家建立了正式外交关系，国内也有150个外国大使馆或领事馆。而如果把包括国际组织、总领事馆等各种外交外事机构都统计在内的话，截至2012年，在南非的外交、外事机构已累计达到315个，其规模之多在全世界仅次于美国首都华盛顿特区，为全球第二。

尽管尼日利亚就GDP而言超过了南非，但其还无法在综合实力方面挑战南非的地位。1994年以后，南非外交日益活跃，而非洲大陆作为一个整体，自从独立以来就长期存在着以"一个声音"说话的困难，这些均导致南非经常被外界挑选出来作为非洲的"代言人"

出席各种重要的国际会议，以非洲代表（有时几乎是唯一的代表）的身份加入具有"全球大国俱乐部"性质的重要国际组织或机制。新南非在国际舞台上发挥影响的渠道是多种多样的。有南非智库的学者就认为，南非能够成为其他非洲国家和国际社会联系和沟通的桥梁。相对于其他金砖国家，南非的清廉指数是最高的，同时也代表着非洲国家一个比较正面的形象。以八国集团（G8）峰会为例，可以更清楚地看出南非代表非洲大陆的独特地位。在2000—2013年的14次G8会议中，在所有受邀参会的非洲国家中，南非和阿尔及利亚被邀次数最多，同为12次；尼日利亚次之，为11次。当然，阿拉伯白人为主体民族的阿尔及利亚不能完全代表非洲（尤其是黑人为主的撒哈拉以南非洲）；而尼日利亚在综合实力、政治稳定等方面都不如南非。这是因为，虽然尼日利亚几乎和新南非的诞生（1994年）同步，但却在1993年陷入了长达5年的阿巴查将军所谓的"掠夺性的统治"。美国学者托因·法洛拉甚至指出："尼日利亚作为一个贫穷国家跨入新千年之时，它的发展状况甚至比1960年取得独立的时候好不了多少。"

而作为其他新兴经济体的韩国、印度尼西亚、墨西哥与土耳其，尽管在经济发展速度与经济总量上相比南非并不弱，但是这些国家周边都有非常强大的经济体，无法像南非那样可以成为非洲国家的重要代表。例如韩国，虽然经济发展迅速，有着非常成熟的高精尖的科学技术，但周边有中国、日本等经济巨人，其对于地区经济格局的重要性就会大大降低。而印度尼西亚尽管有着充足的人口与较大的国内市场，但一方面受中国的辐射影响非常大，另一方面该国自1997年亚洲金融危机之后，暴露出本国政局动荡及较严重的贪腐问题，这些都在很大程度上限制了该国的进一步发展。至于墨西哥，则是因为一方面非常依赖于美国的经贸关系，另一方面拉丁美洲已经有巴西作为金砖国家的代表，所以其难以展现出重要的作用。而土耳其，该国经济发展虽然快速，但是一直以来奉行加入欧盟的基本政策，在一定程度上对于改革现有的国际经济秩序并没有很高的热情，所以也不适合作为金砖国家的一员。

◆ 四、未来南非在金砖国家组织中扮演的重要角色 ◆

由于南非经济总量尚小，经济增长缓慢，其还不能够从更加深远的角度改变现有的国际政治经济格局，但是在未来相当长时间内，南非可以从以下几方面在金砖国家组织里扮演重要的桥梁国家的角色。

一是南非可以充当新兴经济体与西方国家对话的桥梁。南非的政治经济体制与西方国家类似，而且属于英联邦国家的一员，近些年来与西方国家的联系非常密切。将南非纳入金砖国家，可以在一定程度上加大新兴经济体与西方国家的互动，而鉴于南非与西方国家政治经济体制类似，以竞争性政党政治选举与自由市场为原则，可以将其作为改革国际经济贸易秩序与体制创新的一个试验对象，进一步促使西方国家适应新兴国家提出的经济与贸易新秩序。近些年，南非与中国、巴西、印度等新兴国家签署的双边与多边贸易与投资协议，正是在现有的WTO、世界银行等制度框架下对自由贸易与投资原则的扩展，其本质上是一种互惠关系。而以自由主义为指导原则的美国、欧盟等西方国家，在经贸领域非常看重自由市场原则，因此与南非进行合作。

二是南非作为非洲国家的代表，可以起到连接撒哈拉以南非洲与新兴国家的桥梁作用。当前，非洲各国经济发展滞后，特别是基础设施建设需要很多的国外投资。因此，南非作为非洲最为发达的国家，加入金砖国家组织，一方面负有增加对其他国家经济援助，特别是改善民生的责任；另一方面也有代表非洲与中国、印度、巴西、俄罗斯等主要新兴经济体协商，一起对非洲国家进行投资，改变非洲国家贫穷落后面貌的责任。而相对于欧美发达国家，非洲国家对以中国为代表的新兴经济体的投资较为信任，这主要归咎于西方国家在历史上对非洲国家的剥削与掠夺。目前来看，近些年南非经济发展速度较缓，自身经济规模有限，在很大程度上依赖以中国为主导的新兴经济体对于非洲大陆的投资与对外援助。而南非可以更多地依靠中国等在基础设施建设方面的投资，协调各自的分工合作，以期更加完善地投资，为非洲国家提供更加丰富的公共产品，逐渐满足非洲国家对于基础设施投资的需求。

总而言之，南非加入金砖国家组织，是由其历史上解放独立与反对种族隔离运动中与金砖国家塑造的集体身份，以及现实的经济发展需要决定的。尽管南非经济规模较小，而且经济总量增长缓慢，但其近些年日益好转的国际形象、相对其他非洲国家较为发达的经济发展水平，以及作为非洲国家独特的身份，使得其在金砖国家组织中占有一席之地。可以预见，未来南非作为与西方国家、非洲国家以及其他金砖国家的桥梁，将会发挥更加重要的作用。该国加入金砖国家组织，可以视做一个小国参与全球经济变革与治理的典型案例。